Créations maternage

Christelle Beneytout et Sandra Guernier
Photographies de Myriam Gauthier-Moreau

éditions la plage

Remerciements

Merci aux mamans testeuses et à leur bébé : Domohina et José, Béatrix et Arthur, Annaïck et Elea, Véronique et Sarah.
À la boutique leslaines.com, pour les laines Noro et Malabrigo utilisées pour les créations en tricot dans cet ouvrage.
Merci à Vincent pour son aide et sa patience.
Un grand merci également à celles qui ont pris la pose :
les enfants : Johanna et Cléophée
les mamans : Anny et Mimi
Merci à Juan pour son aide précieuse
Merci à Stéphanie (Tissus Geka à Saint-Marcel-lès-Valence) pour sa disponibilité et sa bonne humeur

Pour être tenu au courant de nos publications, envoyez vos coordonnées à :
La Plage - Rue du Parc - 34200 Sète
edition@laplage.fr
www.laplage.fr

ISBN : 978-2-84221-200-1
Conception - PAO : David Cosson - dazibaocom.com
Photogravure : Atelier Six, Montpellier
Imprimé à Barcelone sur les presses de Beta

Sommaire

Introduction 7

Avant de commencer à coudre 8

Pour maman

- Coussin de grossesse et d'allaitement 10
- Coussinets d'allaitement 13
- Tee-shirt d'allaitement 15

Pour changer bébé

- Couche simple lavable 21
- Prefold 24
- Culotte de protection en PUL 26
- Culotte de protection en Windpro 28
- Culotte en laine 30
- Couche « tout-en-un » 33
- Couche « tout-en-deux » 36
- Lingettes 38
- Sac à couches 40

Pour bébé

- Pantalon spécial couches lavables et ses variantes 44
- « Combi-nomade » 50
- Porte-bébé « sling » 53
- Jambières 60
- Bavoir « j'enfile tout seul » 64
- Chaussons souples 66
- Doudou étiquettes 70
- Doudou coccinelle 72
- Chaise nomade en tissu 74
- Sac à langer et son « crazy » tapis de change 77

Annexes

- Les termes de couture 86
- Des tissus sains et écolo 87
- La couture des couches lavables 90
- La couture des tissus extensibles 93
- Carnet d'adresses écolo 93
- Patron chaussons souples 94

Introduction

Pendant la grossesse, nombre de mamans ont eu comme nous l'irrésistible envie de se mettre à tricoter, coudre, broder… Une façon de préparer ainsi la venue de bébé. Pour le plaisir de réaliser soi-même, mais aussi pour avoir le choix des matières, des modèles, des couleurs. Cet ouvrage est l'occasion de vous inviter à utiliser des matières saines pour le bien-être de votre enfant et le vôtre. Nous vous invitons à coudre des tissus en coton biologique, en chanvre et en bambou, à privilégier les tissus certifiés Oeko-tex mais aussi les tissus et matières recyclés. Peut-être avez-vous dans vos armoires des vêtements que vous ne mettez plus et qui pourraient être utilisés pour la confection des objets que nous vous proposons ? Vous trouverez à la fin de ce livre un glossaire des différents tissus les plus couramment utilisés pour les ouvrages proposés.

Ce livre est pour nous l'occasion de vous faire partager ce que nous avons eu plaisir à confectionner pour nos propres enfants et surtout ce qui nous a été réellement utile parmi tout ce que nous avions préparé ! Confectionner soi-même c'est prendre son temps pour choisir le meilleur pour son enfant mais c'est aussi une façon de préparer ce dont on a besoin, ni plus, ni moins... Les mamans qui allaitent, portent, en un mot qui maternent, n'ont guère besoin de tous les objets et gadgets de puériculture souvent chers et inutiles... et leurs bébés non plus.

Nous vous proposons d'abord de penser à vous, future maman et maman, en vous confectionnant un coussin de grossesse et des accessoires pour l'allaitement. Puis vous pourrez choisir de coudre les changes de votre enfant, avant de lui confectionner vêtements et doudous. Enfin vous trouverez tout ce qui vous sera nécessaire pour sortir avec votre enfant à l'extérieur, avec un encombrement minimum.

Nous nous sommes rencontrées à l'occasion d'une réunion d'échange sur la couture des couches lavables, mais cela aurait pu être aussi lors d'une rencontre sur le portage ou l'allaitement, thèmes qui nous sont chers à toutes les deux. Choisir le maternage, c'est aussi l'occasion de se rencontrer pour recréer un cercle d'échanges, d'entraide, de partage de connaissances. Alors nous vous souhaitons de bons moments de couture entre amies. Retrouvez-nous sur http://creations-maternage.over-blog.com et envoyez-nous des photos de vos réalisations.

Christelle Beneytout et Sandra Guernier

Avant de commencer à coudre

Pour les créations proposées dans ce livre, vous trouverez les patrons sur les planches jointes, en taille réelle. Vous devrez parfois dessiner vous-même les plus simples sur du papier, voire directement sur le tissu.

Commencer par recopier chaque pièce du patron sur du papier prévu à cet effet vendu en mercerie ou simplement sur du papier de soie. Penser à bien reporter toutes les marques et repères figurant sur le patron.

Découper les pièces du patron en papier et les épingler ou les caler sur le tissu avec des poids. Marquer les lignes de couture et les divers repères indiqués sur le patron (comme les crans) et couper le tissu en ajoutant les marges nécessaires. Les marges de couture ne sont généralement pas comprises (sauf indications contraires), nous vous signalons pour chaque modèle les valeurs à ajouter pour la couture.

Le plan de coupe vous montre comment disposer les pièces du patron sur le tissu (lavé et repassé pour éviter les désagréments du rétrécissement !) qui doit être plié endroit contre endroit avec les lisières bord à bord, placées au centre ou sur un côté. Certaines pièces sont à couper sur le pli du tissu, ceci est alors indiqué dans les instructions de coupe.

Certains tissus ont un sens (tissus à motifs, tissus à poils, tissus velours, etc.) ; prendre soin d'orienter alors toutes les pièces du patron dans la même direction. C'est essentiel pour les pièces en tissu velours par exemple qui n'auraient pas toutes la même teinte une fois assemblées ! Pour la couture de ce tissu, la résistance est meilleure s'il est cousu avec les poils vers le bas, mais la couleur est plus vive si les poils sont orientés vers le haut.

Adaptez l'aiguille de la machine au tissu utilisé : fine pour du tissu fin, plus grosse pour du tissu plus épais ou pour l'assemblage de plusieurs épaisseurs, spéciale cuir ou jersey pour ces matières.

Se reporter au glossaire à la fin du livre (page 88) pour une description des termes de couture utilisés, les différents tissus préconisés dans cet ouvrage et les matières dans lesquelles ils sont tissés.

Se reporter également à la page 90 pour les instructions spécifiques à la couture des couches lavables avant de commencer à les coudre et à la page 93 pour la couture des matières extensibles si vous n'en n'avez jamais cousu.

Pour maman

- Coussin de grossesse et d'allaitement
- Coussinets d'allaitement
- Tee-shirt d'allaitement

Coussin de grossesse et d'allaitement

Ce coussin vous servira depuis la grossesse jusqu'à la fin de la première année de votre bébé.
Enceinte, il vous permettra de caler votre ventre pour passer de meilleures nuits.
Il vous facilitera ensuite les longs moments à donner la tétée, soit en vous installant confortablement pour vous soutenir le dos, soit en le posant sur vos genoux pour vous permettre de rehausser bébé à hauteur de votre poitrine. Quand bébé est encore petit, refermez le coussin sur lui-même au moyen des liens : dans le coussin devenu transat, calez bébé en toute sérénité. Enfin, lorsque votre enfant commencera à s'asseoir, vous pourrez installer le coussin autour de lui et ne craindrez pas qu'il se cogne s'il perd l'équilibre.

Afin qu'il soit bien souple et malléable, il est garni (pas trop) avec une matière naturelle, de la balle d'épeautre, du liège ou encore de cosses de sarrasin[1] ou, si vous n'en trouvez pas, avec des billes de polystyrène.

1. sur www.heliotropia.de
Faire attention à la non-allumabilité du coussin une fois confectionné.

Fournitures (taille unique)

- **Pour le coussin :**

> 100 cm x 180 cm de toile de coton,

> fermeture à glissière de 20 cm (facultatif)

> balle d'épeautre, cosses de sarrasin,billes de polystyrène ou autre pour remplir le coussin

- **Pour l'enveloppe lavable :**

> 120 cm x 180 cm de cotonnade, de jersey, de jersey velours, de flanelle, de microéponge de bambou, etc.

> fermeture à glissière (60 à 65 cm de long), pressions (6 à 8), liens (5 ou 6) ou encore Velcro

> 4 liens pour refermer le coussin en transat (soit à découper dans le tissu restant, soit dans un autre tissu coordonné ou encore dans du ruban ou galon) ; longueur nécessaire : 20 à 30 cm pour chaque lien. Pour les confectionner dans du tissu, 30 cm sur 3 ou 4 cm par lien seront nécessaires

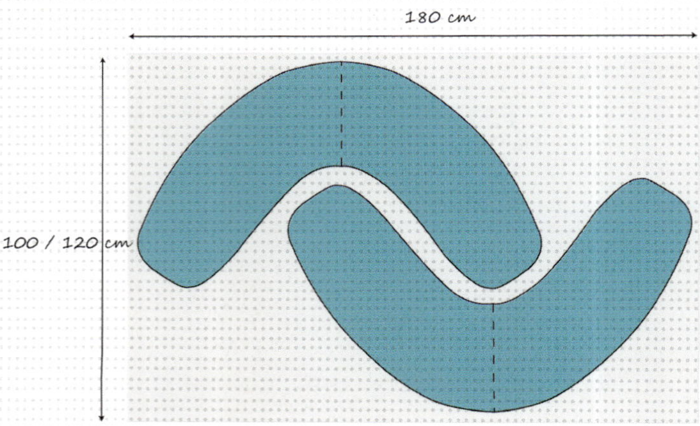

Coupe (Patron sur la planche 2b)

> coussin à découper 2 fois sans marges de couture

> enveloppe à découper 2 fois avec marges de couture.

Comment faire ?

Confection du coussin :

1 Reproduire le patron 2 fois sans ajouter de marges de couture. Surfiler chaque morceau de tissu.

2 Assembler le coussin endroit contre endroit, au point droit à 0,8 cm du bord, en laissant une ouverture de 30 cm à l'endroit où se pose la fermeture à glissière. Cranter les arrondis. Retourner le coussin sur l'endroit. Poser la fermeture à glissière sur l'endroit si vous avez choisi d'en mettre une. Elle permet plus tard de recharger en billes le coussin si besoin mais ce n'est pas obligatoire. Si vous préférez ne pas en poser, assembler le coussin endroit contre endroit au point droit à 0,8 cm du bord et laisser seulement une ouverture de 10 cm. Retourner le coussin sur l'endroit. Garnir avec le contenu de votre choix. Le coussin doit rester assez souple et malléable pour l'installer à votre guise lors de la grossesse ou de l'allaitement. Lorsqu'il est destiné à devenir transat ou cale-bébé, il peut être plus rembourré.

Confection de l'enveloppe :

1 Reproduire le patron 2 fois en ajoutant 1 cm de marge de couture partout. Surfiler chaque pièce.

2 Confectionner les liens qui servent à transformer le coussin en transat pour bébé et les fixer aux emplacements qui figurent sur le patron (petits carrés noirs).

3 Assembler endroit contre endroit les deux parties de l'enveloppe au point droit sauf sur la longueur qui doit recevoir la fermeture à glissière (laisser une ouverture de 70 cm pour une fermeture de 60 cm de long). Cranter les coutures aux arrondis et retourner l'enveloppe sur l'endroit.

4 Poser enfin la fermeture à glissière entre les repères signalés sur le patron.

**Bonus : la fermeture à glissière peut être remplacée au choix par du Velcro, des pressions ou encore des liens comme ceux qui servent à refermer le coussin en transat.
Pour plus de facilité, penser à poser Velcro, pressions ou liens avant d'assembler les deux parties de l'enveloppe.**

Coussinets d'allaitement

Vous avez décidé d'allaiter, de donner le meilleur à votre bébé. Il est possible que pendant un certain temps, vous ayez besoin de vous protéger des fuites intempestives de lait qui peuvent se produire entre les tétées, ou au cours d'une tétée quand le bébé tète d'un côté, du lait peut couler tout seul de l'autre sein.

Il existe dans le commerce des coussinets jetables, solution peu écologique qui revient vite cher, ainsi que des lavables, plus économiques. Vous pouvez coudre ceux-ci rapidement et à peu de frais : un bon moyen d'utiliser les chutes des tissus utilisés pour coudre les couches lavables de votre bébé, toutes conviendront ! En les cousant vous-même, vous pourrez en outre moduler le nombre d'épaisseurs de tissu en fonction du degré d'absorption recherché.

Ces coussinets ont été réalisés en molleton de coton et chanvre bio.

Fournitures *(taille unique)*

> **des chutes de tissus absorbants : flanelle, jersey velours, éponge, microéponge, molleton. Ces tissus peuvent être en coton, en chanvre ou en bambou.**

> **des chutes de tissu imperméable : PUL**

Gardez à l'esprit qu'il est très important que votre mamelon ne reste pas au contact de l'humidité, vous devrez donc changer les coussinets régulièrement.

Coupe

Le patron est d'une grande simplicité : un rond de 12 cm environ (à moduler en fonction de votre morphologie) à dessiner soi-même.

> 2 ronds de tissu imperméable

> 4, 6 ou 8 ronds de tissu absorbant en fonction de votre besoin.

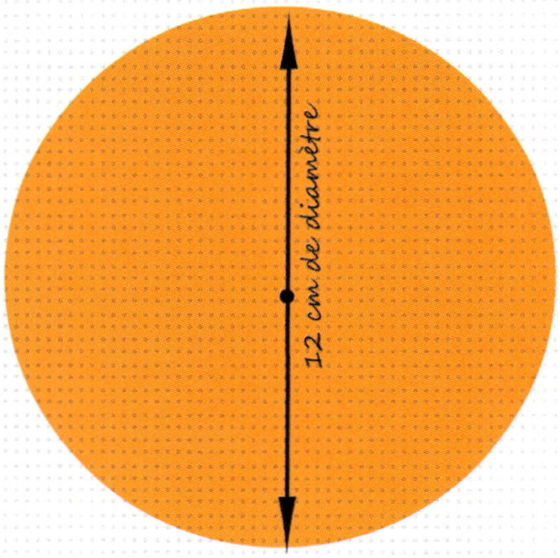

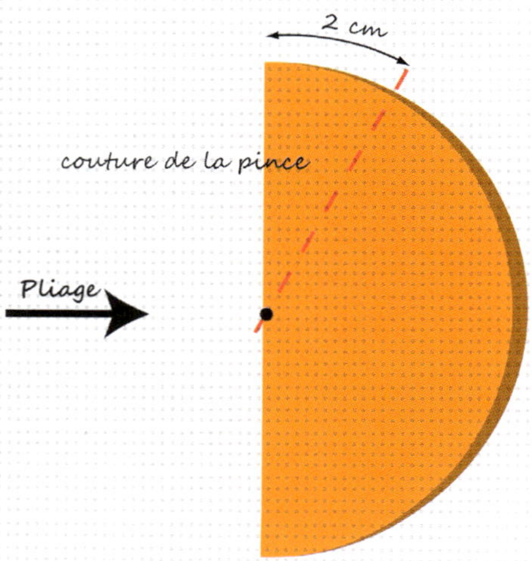

Comment faire ?

1 Couper 2 épaisseurs du tissu imperméable choisi.

2 Plier chaque rond en 2, endroit contre endroit, et piquer une pince partant du centre et arrivant à 2 cm du bord du pli. Couper l'excédent de tissu à quelques millimètres de cette couture.

3 Couper le nombre d'épaisseurs de tissu absorbant souhaité (par exemple 4 épaisseurs pour de la flanelle, 2 épaisseurs pour les tissus plus épais). Coudre une pince de la même façon que sur le tissu imperméable, en la réalisant sur 2 épaisseurs de tissu à la fois.

4 Assembler l'épaisseur imperméable avec les épaisseurs absorbantes, envers contre envers et en ne plaçant pas toutes les pinces au même endroit pour éviter les surépaisseurs.

5 Surfiler ou surjeter le pourtour des coussinets.

Cette façon de procéder vous permet de réaliser des coussinets anatomiques légèrement bombés, vous pouvez encore vous simplifier la tâche en les cousant sans la pince, ils seront alors plats.

Tee-shirt d'allaitement

Quelle que soit la durée de votre allaitement, vous aurez besoin de vêtements discrets et pratiques pour allaiter en toutes circonstances.

Nous vous proposons ici de réaliser un tee-shirt d'allaitement que vous pourrez décliner en version manches longues ou manches courtes. Un pan abrite des ouvertures discrètes pour un accès aux seins rapide et facile, et aucune partie de votre corps ne sera exposée ni au froid ni aux regards. Ce système d'ouverture permet d'allaiter facilement lorsque le bébé est porté en « sling » ou en écharpe.

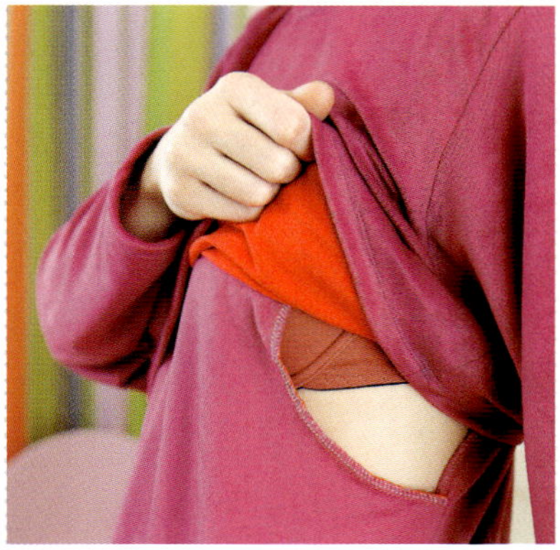

Coupe (Patron sur les planches 1a et 1b)

Pièce 1 tee-shirt devant, à couper 1 fois sur la pliure,

Pièce 2 tee-shirt dos, à couper1 fois sur la pliure,

Pièce 3 pan supérieur devant, à couper 1 fois sur la pliure,

Pièce 4 pan supérieur dos, à couper 1 fois sur la pliure,

Pièce 5 manche courte ou longue, à couper 2 fois.

Comment faire ?

1 Recopier les pièces du patron et ajouter 1 cm de marge de couture partout (sauf aux échancrures prévues pour l'allaitement sur la pièce 1) et 2 cm pour les ourlets et le bas des manches.

Fournitures (taille 36 à 44)

Du jersey, de l'interlock, du jersey velours (voire du jersey de laine ou du molleton de coton pour une version hiver) :

> 170 cm de tissu en 140 cm de large pour la version manches courtes

> 200 cm de tissu en 140 cm de large pour la version manches longues

• Correspondance des tailles :

Prendre sa taille d'avant grossesse.

> Taille small : 36/38

> Taille medium : 40/42

> Taille large : 44

2 Surjeter ou surfiler les échancrures prévues pour l'allaitement. Poser le devant sur le dos du tee-shirt, endroit contre endroit, en alignant les repères : les ouvertures pour l'allaitement arrivent une dizaine de centimètres plus bas que les emmanchures dos, c'est normal. Bâtir les coutures des côtés, puis les piquer, les surfiler et les repasser ouvertes. Retourner le tee-shirt et assembler les épaules envers contre envers. Bâtir, piquer, surfiler et repasser les coutures ouvertes. *Attention* : garder à l'esprit de se fier aux coutures latérales pour repérer l'endroit du tee-shirt pour la suite de l'assemblage !

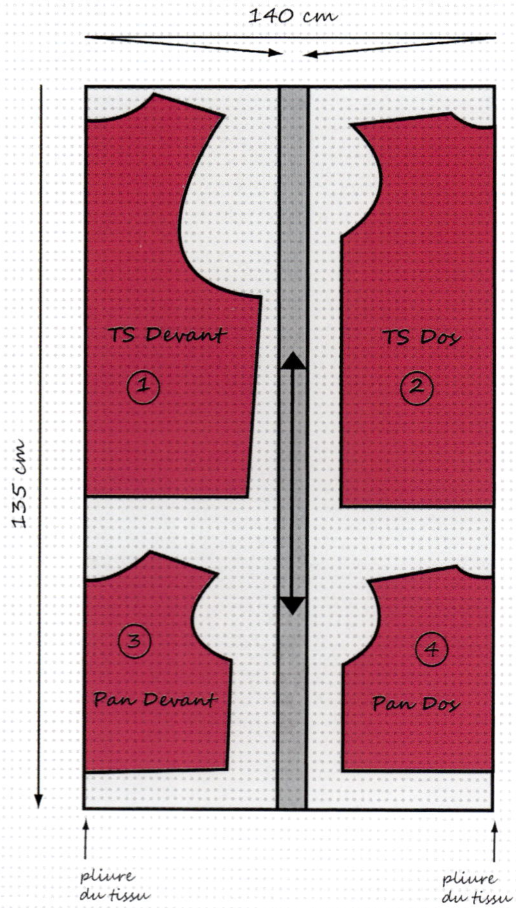

3 Poser le pan devant 3 sur le pan dos 4, endroit contre endroit. Bâtir et piquer la couture des épaules et des côtés, repasser les coutures ouvertes.

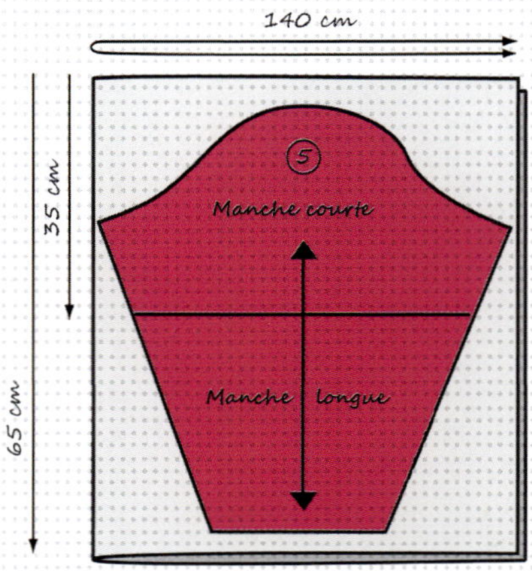

4 Plier chaque manche endroit contre endroit. Bâtir la couture de dessous des manches, piquer, surfiler et repasser les coutures ouvertes.

5 Marquer tous les ourlets au fer à repasser : bas du tee-shirt, bas du pan, bas des manches. Piquer les ourlets avec une aiguille double.

6 Mettre le tee-shirt à l'endroit, glisser dedans les pans assemblés précédemment : les deux parties du vêtement sont alors placées ainsi : l'envers du tee-shirt contre l'endroit des pans.

7 Bâtir et piquer l'encolure des 2 vêtements ensemble en alignant les coutures d'épaule, les milieux dos et les milieux devant. Cranter dans les arrondis. Retourner les pans par l'encolure, les deux parties du vêtement sont alors assemblées par celle-ci et à l'endroit : l'envers des pans est contre l'endroit du tee-shirt. Repasser la couture d'encolure, la faufiler et la surpiquer avec une aiguille double à 1 cm du bord.

8 Bâtir ensemble les deux épaisseurs de l'emmanchure dos (celle du tee-shirt et celle du pan). Retourner le vêtement à l'envers, glisser à l'intérieur les manches à l'endroit et les bâtir en alignant les repères, le milieu avec la couture d'épaule et la couture de dessous de manche avec la couture de côté du vêtement. Les manches sont assemblées avec deux épaisseurs à l'emmanchure dos et une seule à l'emmanchure devant, c'est normal. Piquer, surfiler les coutures ensemble et les repasser. Retourner le vêtement sur l'endroit.

Ce tee-shirt a été réalisé en jersey velours et doublé avec un jersey de coton

Pour changer bébé

Utiliser des couches lavables est une alternative aux changes jetables qui vous permet de protéger l'environnement au quotidien, d'offrir le meilleur à votre enfant et bien sûr d'alléger votre budget[1]. Les confectionner soi-même les rend encore plus économiques : vous n'avez que les matières premières à acheter pour vous lancer dans l'aventure : tissus, élastiques et Velcro. Ainsi vous confectionnerez des changes réellement adaptés aux besoins de votre enfant en fonction de son âge, de son tempérament et de vos activités.

Nous vous proposons de confectionner des couches simples, des prefolds (ou langes pré-pliés : un système très simple et très peu cher) et des culottes à porter par-dessus, mais aussi des « tout-en-un » et « tout-en-deux » ainsi que de tricoter une culotte en laine : un large choix de modèles pour vous permettre de choisir ce qui vous convient à vous et à votre enfant.

N'hésitez pas à utiliser des tissus de récupération quand vous le pouvez (vieux tee-shirt tout doux, vieille serviette éponge bien absorbante) et à privilégier les tissus biologiques : c'est bon pour l'environnement et pour la peau de votre enfant.

Gardez à l'esprit que les couches doivent être confortables et saines avant tout, car votre enfant les porte nuit et jour, pendant au moins deux ans ! Lorsque vous choisissez un tissu, faites comme si c'était pour vous.

Et pour utiliser au mieux vos couches lavables, vous pouvez également réaliser un sac à couches sales à utiliser lors de vos déplacements et des lingettes lavables pour remplacer lingettes jetables et carrés de coton pendant le change.

[1]Pour aller plus loin : Les couches lavables, ça change tout , Christelle Beneytout, éditions La Plage.

Côté techniques

Pour bien choisir les tissus que vous utiliserez pour la confection des couches, culottes et « tout-en-un » (TE1), en fonction de leurs propriétés et de leurs avantages, voir page 92. Se reporter à la page 90 si vous n'avez jamais cousu de couches lavables.

Privilégiez les tissus biologiques (comme ceux issus du coton et du chanvre) ou au moins certifiés Oeko-tex[1] (c'est-à-dire des tissus certifiés comme non nuisibles pour l'homme, mais cela ne veut pas dire biologiques), surtout pour celui qui sera au contact direct des fesses de votre bébé, ne lésinez pas sur la qualité!

Certains tissus et fournitures ne sont pas encore vendus dans les magasins traditionnels de tissus de confection ou dans les merceries : cela concerne le PUL (Polyuréthane Laminé), les tissus à base de chanvre et de bambou, certains polaires, mais vous pourrez les acheter dans des magasins d'éco-produits ou sur Internet.

Côté élastiques, choisissez des matières solides qui résisteront aux lavages successifs : caoutchouc, Lastin, biais élastique pour les culottes ... Quant au choix du fil, pour les couches simples et les prefolds, du fil de coton suffit. Mais pour confectionner TE1 et culottes, du fil polyester est indispensable, pour ne pas laisser passer l'humidité.

Les Velcro peuvent être remplacés si vous le souhaitez par des pressions en résine ou en métal non oxydable.

Enfin concernant les patrons fournis sur la planche 2a : recopier le patron de la couche et de son noyau absorbant. Comme il ne vous est donné que la moitié du patron sur la pliure, vous pouvez reconstituer le patron en entier si cela vous est plus facile, surtout si vous coupez dans un tissu très épais. Vous devez y ajouter à chaque fois les marges de couture soit au minimum 0,5 cm ; ajouter 1 cm à 1,5 cm vous rendra la couture plus aisée.

Tailles S, M, L :
Small (S) : de 5 à 8 kg
Medium (M) : de 7 à 10 kg
Large (L) : de 8 à 14 kg

Ces données sont approximatives, et dépendent de la corpulence de votre enfant.

[1] **Définition de la norme Oeko-tex 100® :** Certificat de qualification de produits ne présentant pas de risque pour la santé et la sécurité du consommateur, délivré par l'Asqual. L'Oeko-tex vise à prévenir les risques d'irritations, d'allergies ou de cancers, par la surveillance de critères comme le pH, le taux de formaldéhyde, les taux résiduels de métaux lourds, de pesticides ou de pentachlorophénol, l'absence de colorants cancérigènes ou allergènes, ainsi que la solidité des coloris.

La couche simple

(à porter avec une culotte)

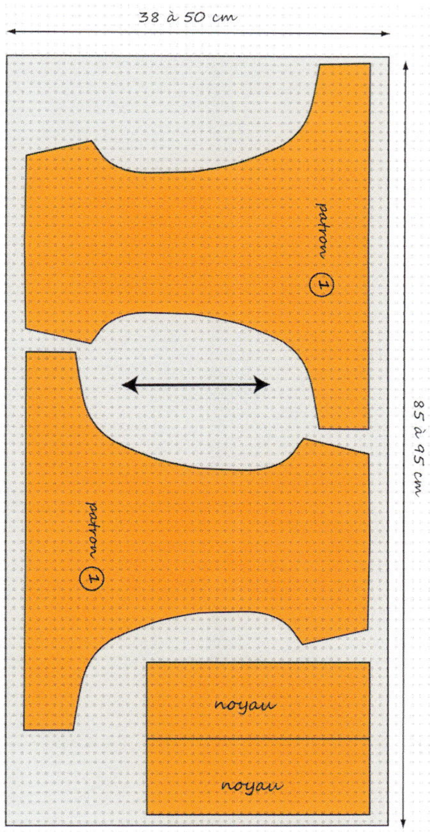

Fournitures

> du tissu absorbant :
38 cm x 85 cm minimum pour la taille S
45 cm x 90 cm minimum pour la taille M
50 cm x 95 cm minimum pour la taille L

> de l'élastique : 50 à 80 cm.

> du Velcro : 25 à 35 cm de côté doux - 10 cm environ de côté rugueux (ou des pressions).

Coupe (Patron1 sur la planche 2a) :

> couche à découper 2 fois dans un tissu absorbant

> noyau à découper 2 fois dans un tissu absorbant

Comment faire ?

1 Couper selon le patron les deux épaisseurs de la couche en ajoutant une marge de couture tout autour et en marquant l'emplacement des élastiques. Couper au moins deux épaisseurs de noyau absorbant (selon le degré d'absorption du tissu choisi).

2 Surfiler ensemble les différentes épaisseurs du noyau absorbant, et le centrer sur l'envers d'une des épaisseurs de la couche en le maintenant avec des épingles. Piquer tout le tour du noyau avec un point droit ou zigzag. L'épaisseur intérieure de la couche est prête.

Note : **le droit fil peut tout à fait se mettre dans la largeur de la couche dans le but d'obtenir plus d'aisance dans le sens de fermeture de la couche. Dans ce plan de coupe les deux épaisseurs de la couche sont réalisées dans le même tissu, mais vous pouvez aussi la coudre avec deux tissus différents.**

3 Assembler les deux épaisseurs de la couche endroit contre endroit (le noyau absorbant est donc face à vous). Bien épingler ou bâtir tout le tour de la couche, et la piquer au point droit ou zigzag en laissant une ouverture de 5 cm au niveau du devant (ventre) : cette ouverture servira à retourner la couche sur l'endroit quand les élastiques auront été posés.

4 La longueur d'élastique utile est normalement la moitié de la longueur représentée sur le patron. Vérifier toutefois que le tour de cuisses de votre enfant n'est pas beaucoup plus grand que la longueur d'élastique que vous allez poser ! Sinon cela lui fera au pire un garrot, au mieux l'élastique le marquera.

5 La pose des élastiques se fait sur les deux épaisseurs de la couche cousue mais non retournée ; c'est souvent la partie la plus redoutée... Avec votre machine à coudre, fixer l'élastique à une extrémité du repère avec un point zigzag étroit, puis fixer l'autre extrémité de l'élastique de la même façon sur l'autre repère (ainsi la tension de votre élastique sera partout la même). Laisser l'aiguille plantée dans l'élastique (au milieu de la largeur de l'élastique par exemple) et tourner l'ensemble couche + élastique à 45 ° : l'élastique vient vers vous. Déterminer un point zigzag triple (ou interrompu) suffisamment large pour couvrir la largeur de l'élastique. Étirer l'élastique pendant la couture. L'aiguille de la machine à coudre doit piquer au moins 1 fois par passage dans l'élastique. Arrivé à l'autre extrémité de l'élastique, arrêter votre couture.

6 Recommencer pour l'autre cuisse et pour le dos.

7 Une fois les élastiques cousus, dégarnir les angles, cranter les arrondis et retourner la couche grâce à l'ouverture de 5 cm laissée au niveau du ventre. Fermer cette ouverture en rentrant les marges à l'intérieur et en fixant le tout au point droit à quelques millimètres du bord. Pour parfaire la finition, continuer cette surpiqûre sur tout le tour de la couche, sans piquer sur les élastiques.

8 Fixer au point droit le Velcro doux sur le devant de la couche. Sur l'intérieur des ailettes, fixer un carré de Velcro dur et à côté un carré de doux (pour fermer le Velcro au moment du lavage) ; à l'extérieur d'une des ailettes, on peut également fixer un carré de Velcro doux afin de pouvoir serrer plus la couche si besoin.

Variantes :

• Pour un séchage plus rapide, au lieu de coudre le noyau absorbant entre les deux épaisseurs de la couche, vous pouvez le coudre (ou le pressionner) au-dessus, en le piquant uniquement sur le bord supérieur du noyau. Dans ce cas penser à le faire avant d'assembler les deux épaisseurs de la couche.

• Ajouter une épaisseur cachée : une troisième épaisseur dans la couche, appelée épaisseur cachée permet d'augmenter la capacité d'absorption de la couche, surtout si l'on choisit un tissu effet « fesses au sec » pour l'intérieur de la couche. Dans ce cas, c'est sur cette épaisseur cachée que l'on fixe le noyau absorbant et que l'on pose les élastiques.

Quelques exemples d'associations de tissus pour cette couche simple :

* 1 épaisseur de molleton de chanvre pour l'extérieur de la couche, 1 épaisseur de jersey velours de coton pour l'intérieur. Pour le noyau : 1 épaisseur de molleton de chanvre et 1 épaisseur d'éponge de bambou.

* 1 épaisseur d'éponge de coton pour l'extérieur de la couche, 1 épaisseur de microéponge de bambou pour l'épaisseur cachée et 1 épaisseur de micropolaire pour l'intérieur. Pour le noyau, 3 épaisseurs de microéponge de bambou.

À vous de choisir et de réunir les tissus qui vous conviennent en fonction de vos besoins et de vos convictions. En choisissant des tissus extensibles, vous confectionnerez des couches plus souples et donc plus confortables, qui dureront plus longtemps car elles s'adapteront mieux à votre enfant.

Cette couche simple a été réalisée en Teddy microfibre bleu (tissu extérieur) et jersey velour de coton bio (tissu intérieur). La culotte est en PUL

Le prefold
(lange préplié ou lange chinois)

Utilisé dans les pays anglophones, il est une alternative bon marché à la couche simple. Sa réalisation est très simple, une fois qu'on a compris l'ordre de superposition des morceaux de tissus.

Fournitures

> de la gaze de coton (de préférence biologique), ou tout tissu très doux et fin.

Comment faire ?

1 Les coupons les plus grands sont destinés à être les plus à l'extérieur, les centimètres supplémentaires servant à un ourlet. Au fer à repasser, marquer cet ourlet de 1 cm sur chacun des «grands» coupons. Intercaler et plier les coupons les uns sur les autres comme indiqué sur le schéma ci-dessous : les deux ourlets doivent être chacun d'un côté du prefold.

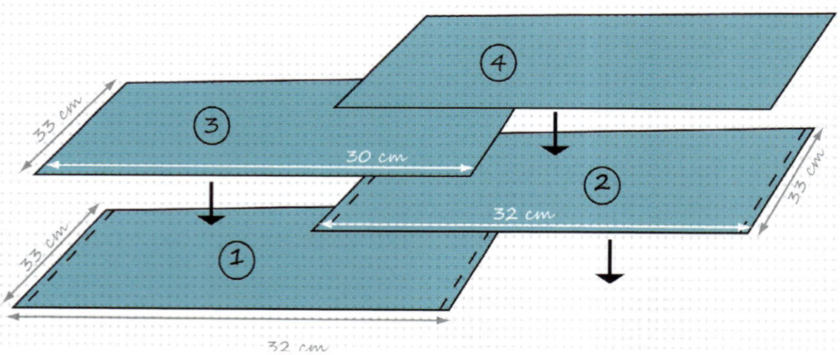

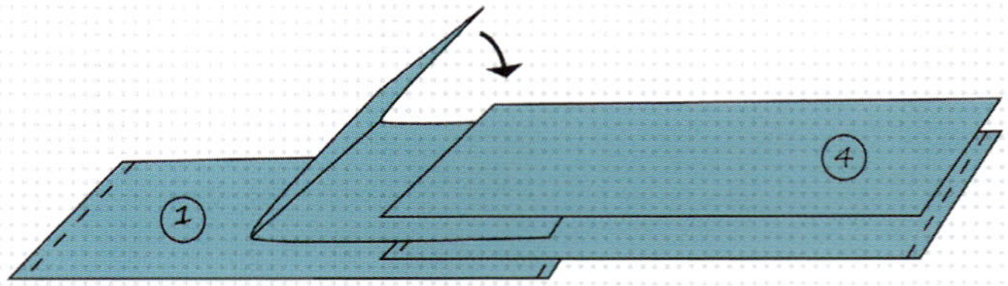

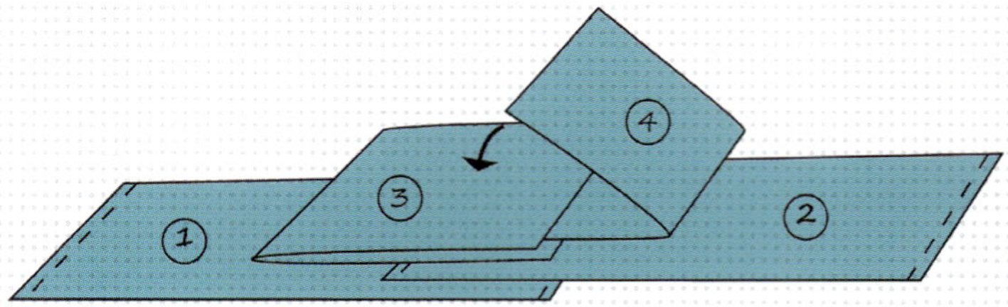

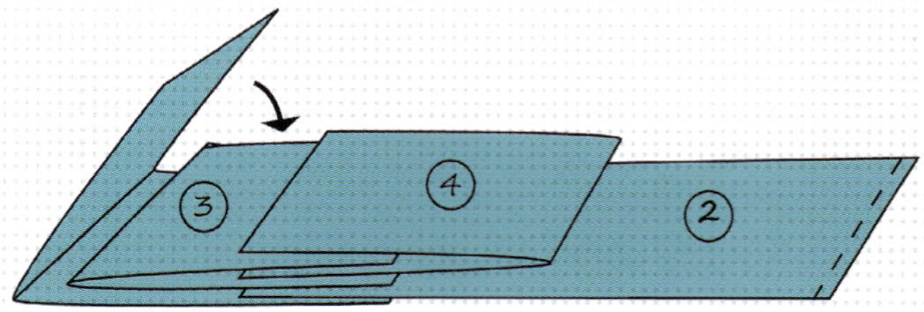

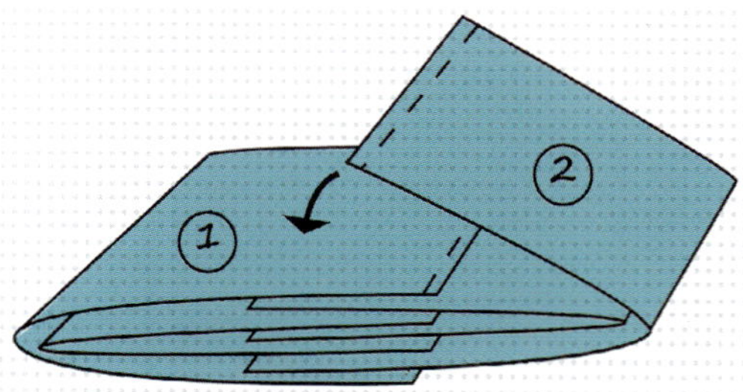

2 Une fois ce millefeuille constitué, épingler le tout pour que rien ne bouge au moment de la couture. Piquer d'abord au point droit sur les rentrés : en faisant cette couture, les autres épaisseurs de tissu situées en dessous sont fixées en même temps.

3 Une fois ces deux coutures réalisées, surfiler les bords (au point zigzag ou au moyen de tout autre point de surfilage que propose votre machine à coudre, ou encore à la surjeteuse).

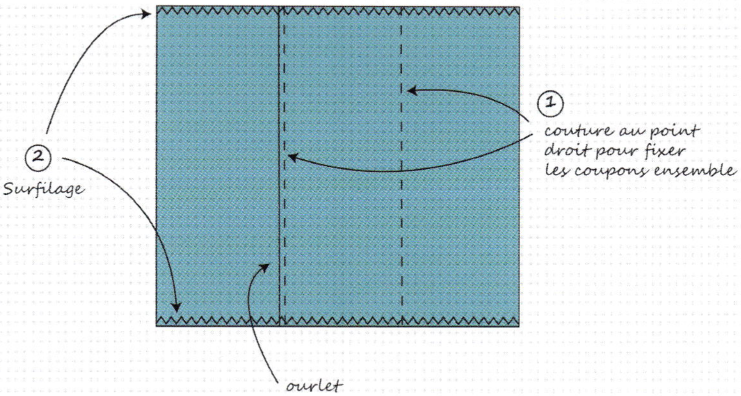

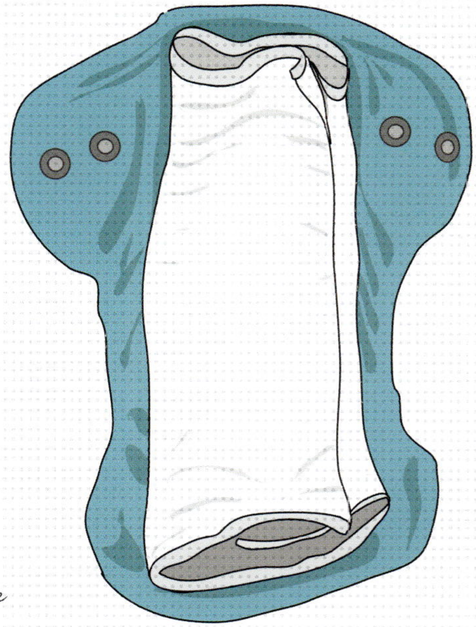

Traditionnellement on utilise de la gaze de coton pour la confection des langes ; cependant rien n'empêche de la remplacer par un jersey de chanvre ou de la microéponge de bambou, qui le rendront encore plus absorbant.

Coupe

> pour la taille S :
  2 coupons de 33 cm x 30 cm
  2 coupons de 33 cm x 32 cm
> pour la taille M :
  2 coupons de 40 cm x 40 cm
  2 coupons de 40 cm x 42 cm
> pour la taille L :
  2 coupons de 47 cm x 48 cm
  2 coupons de 47 cm x 50 cm

Culotte de protection en PUL

Cette culotte de protection est indispensable par-dessus une couche simple ou un prefold, c'est elle qui retient l'humidité.

Fournitures

- **du PUL :**
  45 cm x 45 cm minimum pour la taille S
  52 cm x 47 cm minimum pour la taille M
  55 cm x 58 cm minimum pour la taille L
- **du biais élastique large (2,5 cm) : 1,5 m à 2 m selon la taille de la couche réalisée**
- **du Velcro : 25 à 35 cm de côté doux - 10 cm environ de côté rugueux**
- **du fil polyester**

Coupe (Patron 1 sur la planche 2a)

Pièce à découper 1 fois dans le PUL en ajoutant 1 cm tout autour.

Comment faire ?

1 Modifier le patron en ajoutant 1 cm tout autour, afin d'être sûr que la culotte couvrira bien la couche portée en dessous. Sur l'envers du PUL, dessiner le contour de la culotte. Il est préférable de ne pas épingler le PUL, les trous pouvant occasionner des fuites. Vous pouvez utiliser à la place des trombones, des pinces à linge ou à cheveux !

2 Marquer sur le PUL les repères des élastiques du dos et des cuisses représentés sur le patron ; on ne met pas d'élastique sur la culotte, mais c'est entre ces repères qu'il faudra étirer le biais lors de sa pose.

3 Coudre les Velcro aux endroits prévus sur le patron. Pour le devant : sur l'endroit du PUL coudre le côté doux. Pour les ailettes : sur la face envers du PUL, coudre un morceau de rugueux et un de doux (vous pourrez ainsi fermer le Velcro au moment du lavage, ce qui évitera qu'il accroche le reste du linge dans la machine !).

4 Le biais élastique est préplié au milieu sur toute sa longueur. Il permet de faire une jolie finition tout autour de la culotte et en même temps d'élastiquer la culotte au dos et aux cuisses. Voici quelques indications pour le coudre :

- poser le biais à cheval sur le bord du PUL, le côté le plus doux à l'extérieur ;
- le coudre avec un point zigzag interrompu assez large, le plus près possible de son bord intérieur pour éviter qu'il ne roulotte à la longue, sans toutefois piquer dans le PUL (entraînez-vous d'abord sur des chutes de tissu!) ;
- commencer à coudre en laissant quelques centimètres (3 ou 4) de biais libre (non cousu) au début. Coudre sans étirer le biais, sauf aux endroits où la culotte doit être élastiquée (dos et cuisses, entre les repères) ; il faut pour cette étape guider le PUL avec la main gauche tout en étirant le biais au maximum avec la main droite (là encore, cela demande un peu d'entraînement) ;
- dans les angles droits : arrêter la couture environ 5 mm avant l'angle en laissant l'aiguille piquée en bas, lever le pied de biche de la machine, faire pivoter tissu et biais à 45°, étirer un peu le biais, abaisser le pied de biche et continuer la couture.

5 Faire ainsi le tour presque complet de la culotte. Il reste encore une opération un peu délicate : la jonction début/fin de couture. Vous avez deux possibilités :

> le début et la fin du biais se chevauchent sur quelques centimètres ;

> arrêter la couture quelques centimètres avant l'endroit ou vous l'avez commencée, remonter l'aiguille, couper les fils, couper le biais en laissant quelques centimètres libres, comme vous l'avez fait au début de la couture. Vous avez donc sur votre ouvrage : quelques centimètres (3-4) de PUL non bordé, avec de part et d'autre de cette zone les deux extrémités de biais non cousu. Vous allez prendre ces deux extrémités, les superposer endroit contre endroit, faire une piqûre au point droit afin de les fermer (sans prendre le PUL) et de façon à obtenir juste la longueur nécessaire pour finir de border la culotte (plutôt moins que plus, le biais pouvant être étiré, s'il y a trop de longueur, ça va faire des plis). Couper les surplus de cette couture, écartez-les et reprendre le point zigzag interrompu pour finir la culotte. Cette méthode donne un résultat mieux fini, mais demande un peu d'expérience.

6 Quelle que soit la méthode utilisée, arrangez-vous pour que cette jonction début/fin de couture ne soit pas placée à un endroit visible quand la culotte est portée et fermée, par exemple sur un des bords du devant, qui est caché par les ailettes du dos une fois la culotte fermée. Ne faites pas non plus cette jonction à un endroit où la culotte est élastiquée, ce sera plus facile !

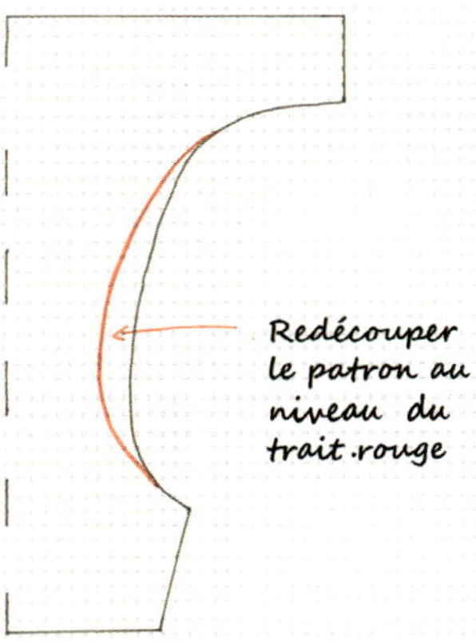

Echancrer l'entrejambe du patron

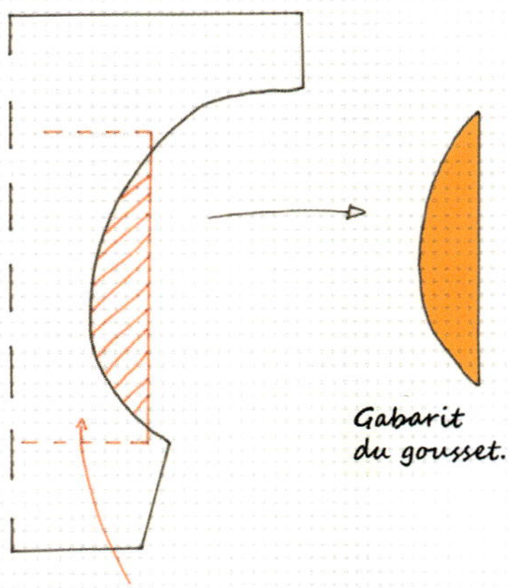

Feuille de papier glissée sous le patron.

Bonus : la culotte à goussets

Les goussets sont deux petits renforts que l'on peut rajouter sur les culottes, en particulier pour les enfants allaités dont les selles liquides ont tendance à fuir... Pour confectionner des goussets à la culotte à partir du patron du livre :

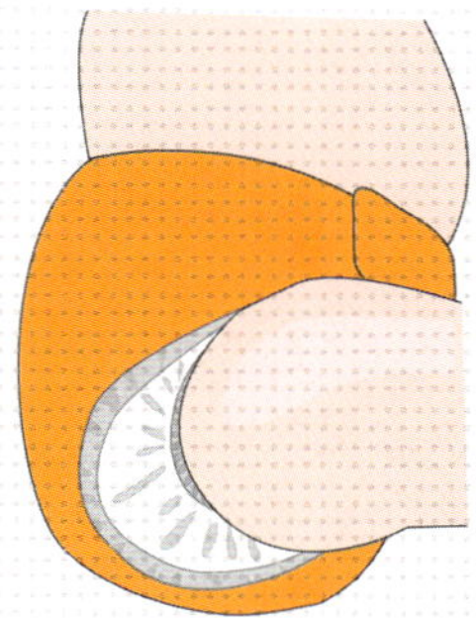

1 Dessiner un patron plus échancré au niveau de l'entrejambe. Puis prendre une feuille de papier pour préparer le patron du gousset : la glisser sous le patron de la couche de façon à dessiner un gabarit qui va servir de patron.

2 Couper 2 goussets dans les chutes de PUL, et ajouter 0,5cm de couture sur le bord arrondi.Commencer par coudre le biais élastique sur le bord du gousset qui est droit, en l'étirant au maximum pour l'élastiquer.

3 Coudre ensuite le bord du gousset qui est arrondi sur le PUL de la culotte, envers contre envers.

4 Coudre enfin le biais sur tout le tour de la culotte, comme pour une culotte normale, à la différence que vous n'avez pas besoin d'élastiquer au niveau des cuisses puisque c'est le biais qui a été cousu sur le gousset qui va remplir ce rôle. Il faut toutefois border de biais la marge de couture du gousset sur la culotte, qui est restée apparente sur l'endroit.

Culotte en polaire Windpro

La culotte de protection en polaire est utilisée principalement pour les siestes et les nuits ; les enfants à la peau fragile la porteront également volontiers en journée. Toutefois si vous prévoyez un long voyage dans un siège-auto ou une longue promenade en poussette ou en écharpe, l'humidité risque de passer par compression.

Il est possible de la confectionner exactement comme la culotte de protection en PUL (voir page 25). Nous vous proposons toutefois des explications pour confectionner une culotte avec une épaisseur de Windpro pour la partie intérieure et une épaisseur de micropolaire pour la partie extérieure.

Fournitures

> du polaire Windpro
> du micropolaire
> du Velcro
> de l'élastique Lastin ou caoutchouc

Dans les mêmes dimensions que pour la culotte en PUL.

Coupe (patron 1 sur la planche 2a)

Pièce à découper 1 fois dans le polaire Windpro en ajoutant 2 cm de marge de couture et 1 fois dans le micropolaire en ajoutant 2 cm de marge de couture.

Comment faire ?

1 Ajouter 2 cm tout autour : 1 cm pour bien couvrir la couche en tissu portée en dessous, et 1 cm pour la marge de couture.

2 Poser le patron ainsi obtenu sur le tissu plié endroit contre endroit. L'épingler et le couper tout autour. Faire la même chose avec l'autre tissu. On obtient une épaisseur A en Windpro, et une épaisseur B en micropolaire. Reporter les repères pour les élastiques.

3 Coudre l'élastique du dos de la culotte sur l'envers de la face A (Windpro), à 2 cm du bord. Le fixer d'abord à chaque extrémité avec 1 point zigzag étroit, avec une longueur de point d'environ 1.5 sur votre machine. Le fixer ensuite avec un point zigzag interrompu plus large (de manière à couvrir toute la largeur de l'élastique), entre les deux extrémités que vous venez de fixer. Il vous suffit d'étirer le tissu à la taille de l'élastique, et la tension est ainsi la même sur toute la longueur.

4 Poser alors vos deux épaisseurs A et B l'une sur l'autre, endroit contre endroit et épinglez bien tout autour. Coudre tout le tour de la couche à 1 cm du bord (ce faisant, vous devrez étirer l'endroit déjà élastiqué de l'épaisseur A pour le faire correspondre avec l'épaisseur B), en laissant une ouverture de 5 cm devant pour retourner la couche plus tard.

5 Avec la même méthode que pour le dos, coudre les élastiques aux cuisses, sur le surplus de la couture que vous venez de réaliser, sur les 2 épaisseurs de tissu, épaisseur A face à vous (ce détail a son

importance, il permettra à l'épaisseur A de ne pas ressortir au niveau des cuisses une fois la couche portée). La longueur d'élastique utile est normalement la moitié de la longueur représentée sur le patron. Vérifier toutefois que le tour de cuisses de votre enfant n'est pas beaucoup plus grand que la longueur d'élastique que vous allez poser !

6 Dégarnir les angles, cranter les arrondis (ceux qui ne sont pas élastiqués seulement) et retourner toute la culotte par l'ouverture de 5 cm laissée sur le devant, en faisant bien ressortir les angles (avec par exemple un objet pointu –mais pas trop- vous risqueriez de passer au travers du tissu !).

7 Faire une surpiqûre à 0,5 cm du bord sur le devant de la couche, en commençant juste après l'élastique de la cuisse et en allant jusqu'au début de l'autre (pendant cette opération, vous rentrerez les marges de couture de la partie laissée ouverte, qui sera ainsi fermée). Vous pouvez faire la même surpiqûre sur la partie arrière de la couche, en surpiquant, ou pas, au niveau de la partie élastiquée, mais faîtes attention quoi qu'il en soit de ne pas piquer dans l'élastique (ce qui ne devrait pas arriver si vous l'avez bien cousu à 2 cm du bord au départ).

8 Coudre les Velcro aux endroits prévus sur le patron. Pour le devant : sur l'endroit coudre le côté doux. Pour les ailettes : sur la face envers de la culotte, coudre un morceau de rugueux et un de doux (vous pourrez ainsi fermer le Velcro au moment du lavage).

Cette culotte Windpro a été réalisée avec une micropolaire imprimée (tissu extérieur) et un windpro rouge (tissu intérieur)

Culotte en laine tricotée

Pour les inconditionnelles des matières naturelles, la culotte en laine est toute indiquée pour couvrir une couche simple.
Les modèles présentés sont réalisés en Malabrigo Merino Worsted, une laine en 100 % pure laine, peinte et filée à la main, légèrement dégradée et très douce.
Cette matière assurera une étanchéité parfaite par-dessus une couche simple, tout en étant très respirante.
La laine utilisée doit être composée d'au moins 70 % de pure laine afin de garantir une bonne étanchéité.

Fournitures Tailles : S/M, (L/XL)

> 1 pelote de laine Malabrigo pour le coloris principal (100 g), ici Apple green 11 et Emerald 135.

> 1 autre pelote (ou des restes de pelote, environ 15 g) pour les rayures, ici Cactus flower 21 et Red Mahogany 610

> des aiguilles droites n° 4 et 5

> des arrêts de mailles

Échantillon

Au point de jersey : un carré de 10 cm x 10 cm = 18 mailles et 25 rangs avec les aiguilles n° 5. Adaptez la grosseur des aiguilles selon votre échantillon.

Points employés

Côtes 1/1 : *1 maille endroit, 1 maille envers* (répéter de * à *) ou côtes 2/2 : *2 mailles endroit, 2 mailles envers* (répéter de * à *).

Jersey endroit : 1 rang endroit, 1 rang envers.

Point mousse : tous les rangs à l'endroit.

Comment faire ?

Devant/Dos

Monter 43 (54) mailles avec les aiguilles n° 4 et tricoter 8 (11) rangs en côtes 1/1 ou 2/2 comme suit : monter les mailles et tricoter le premier rang avec le coloris 11 ou 135, puis 1 rang en coloris 21 (610), puis alterner les couleurs de la façon suivante :*2 rangs coloris 11, 1 rang coloris 21 (610)* (répéter de * à *).
Continuer en jersey endroit (aiguilles n° 5) avec le coloris 11 ou 135 pendant 42 (50) rangs.
Mettre en attente les 11 (16) mailles centrales sur un arrêt de mailles et continuer sur les 16 (19) mailles de chaque côté en jersey endroit, pendant 5 (7) rangs, puis laisser les mailles en attente sans les fermer.

Jambes/Entrejambe :
Avec la laine utilisée pour tricoter la culotte et une aiguille à tapisserie, faire la couture d'entrejambe sur les 11(16) mailles laissées en attente avec la méthode du « grafting » (voir schéma ci-dessous), qui permet de fermer l'entrejambe sans faire de couture épaisse, ce qui sera plus souple et confortable. Une fois terminée, cette couture est complètement invisible.

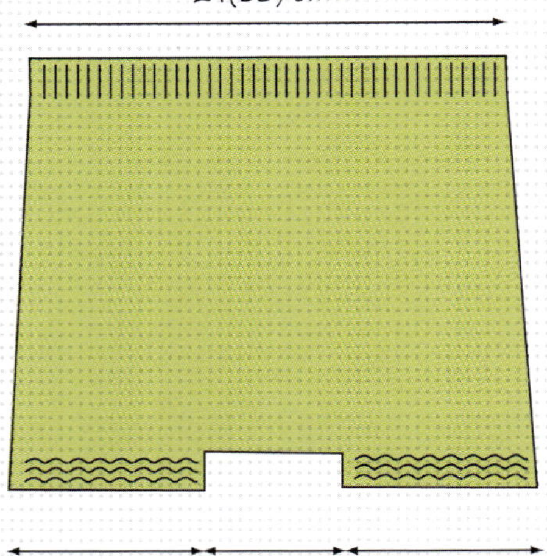

Jambes :
Faire la couture de l'intérieur des jambes sur les 5 (7) rangs de jersey.
Reprendre les mailles laissées en attente pour chaque jambe (en prenant à la fois les mailles du devant et celles du dos et en les liant par l'intérieur de la jambe) et tricoter 7 (9) rangs au point mousse en alternant les deux couleurs avec les aiguilles n° 4. Arrêter les mailles très souplement avec une aiguille n° 5.

Assemblage :
Coudre chaque côté de la culotte, en cousant la partie point mousse sur l'envers pour les revers.
Rentrer les fils.
Pour la taille, qui risque de se détendre à l'usage, passer dans le bas des côtes un ruban ou un lien en laine à l'aide d'une aiguille à tapisserie.

Méthode du grafting

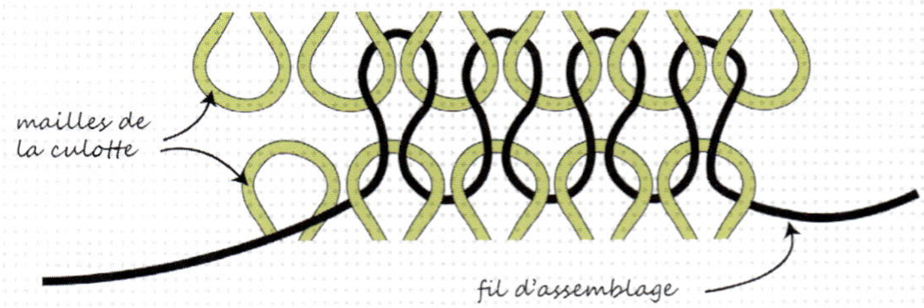

Conseils d'entretien :
Le lavage se fait à l'eau tiède, voire froide et au moyen d'un détergent très doux. La culotte en laine nécessite parfois un bain de lanoline pour parfaire son étanchéité : une fois par mois, on enduit la culotte de lanoline liquide à raison d'une ou deux cuillerées à soupe (selon la taille de la culotte). Ainsi enduite, la culotte est déposée dans une bassine une nuit durant. Le lendemain, on recouvre la culotte d'eau froide, on malaxe et on laisse tremper quelques heures. Puis on essore délicatement la culotte que l'on met à sécher à plat.

Couche « tout-en-un » à poche

Système simple d'utilisation, la TE1 à poche se compose d'une partie imperméable et d'une autre partie qui est au contact de la peau de bébé : entre les 2 parties, on glisse un insert qui est là pour absorber les urines.

Fournitures

> du tissu imperméable :
  40 cm x 42 cm minimum pour la taille S
  48 cm x 43 cm minimum pour la taille M
  54 cm x 49 cm minimum pour la taille L

> du tissu pour l'intérieur de la couche :
  même grandeur de coupon (tissu absorbant ou tissu effet « fesses au sec » au choix)

> de l'élastique : 50 à 80 cm.

> du Velcro : 25 à 35 cm de côté doux - 10 cm environ de côté rugueux (ou des pressions)

> du fil polyester

> pour l'insert : du tissu absorbant :
  26 cm x 36 cm pour la taille S
  35 cm x 60 cm minimum pour les tailles M et L

Conseil :

• Utiliser un aiguille fine n° 70 pour coudre.

Coupe (patron 1 sur la planche 2a)

> épaisseur imperméable :
  découper 1 fois dans du PUL,
> épaisseur intérieure :
  découper 1 fois dans le tissu choisi pour,
> insert à découper selon la taille choisie.

Comment faire ?

1 Sur l'envers du coupon de PUL, dessiner le contour du patron et les repères pour les élastiques (au stylo bic, car le feutre lavable à tendance à glisser et à s'effacer) pour obtenir l'épaisseur A.
Répéter cette opération pour le tissu choisi pour l'intérieur de la couche pour obtenir l'épaisseur B.
Couper les tissus en ajoutant les marges de couture.

2 Positionner le Velcro doux (celui du ventre seulement) sur l'endroit de l'épaisseur de PUL et le coudre au point droit.

3 Placer les 2 épaisseurs A et B endroit sur endroit : maintenir les deux épaisseurs au moyen de trombones ou de pinces à linge (pour ne pas percer le PUL n'importe où) pour que l'ensemble ne bouge pas. Coudre tout le tour des deux épaisseurs de la couche au point droit.

4 Coudre les élastiques au point zigzag aux cuisses et dans le dos, épaisseur A face à vous. À la différence de la couche simple, vous positionnerez les élastiques plus vers l'extérieur, le mieux étant de les coudre dans la marge de couture, ou encore à cheval sur la couture.

5 Faire l'ouverture de la poche dans le tissu intérieur : à une distance de 3 à 5 cm du haut de la couche, bien centré par rapport aux ailettes, faire une petite ouverture de 1 ou 2 centimètres aux ciseaux dans le tissu (et seulement dans celui-là !) ; agrandissez cette ouverture jusqu'à ce qu'elle fasse environ 12 à 15 cm (il faut qu'il soit facile d'y faire rentrer l'insert).

6 Retourner la couche sur l'endroit par cette ouverture. Si on le souhaite, on peut faire une surpiqûre au point droit tout autour de la couche à 0,5 cm du bord, (en passant plus large au niveau des élastiques) : c'est juste un souci de finition, ce n'est pas nécessaire au bon fonctionnement de la couche.

7 Coudre les morceaux de Velcro doux et rugueux sur les ailettes sur la face intérieure (un morceau de Velcro doux peut être ajouté sur les ailettes, côté PUL, si on veut pouvoir fermer la couche en croisant les ailettes).

8 Plier en 2 le coupon de tissu de l'insert, endroit contre l'endroit. Coudre au point droit, à 0,5 cm du bord, deux des trois côtés «ouverts» (on peut en plus les surfiler au point zigzag si on le désire). Retourner le coupon ainsi obtenu et pour fermer le troisième côté, rentrer les bords à l'intérieur et fermer au point droit. Si l'on dispose d'une surjeteuse, assembler sur l'endroit les 3 côtés.On obtient un insert à plier en 2 dans le sens de la longueur pour une couche TE1 taille S, en 3 dans le sens de la longueur pour une couche TE1 à poche taille L ou à plier en 4 dans le sens de la largeur pour garnir une TE1 à poche taille M.

9 Attention : si on choisit un tissu absorbant comme tissu intérieur de la couche (du jersey velours par exemple), il faut penser à surfiler l'ouverture qui sert à glisser les inserts, avant l'assemblage de la couche. Pour cela, une fois l'épaisseur de tissu découpée, déterminer la longueur de l'ouverture, la tracer et la couper. Surfiler l'ouverture avec le point zigzag ou surfilage de la machine à coudre. Procéder ensuite au montage de la couche comme expliqué ci-dessus.

Variantes

> la TE1 à poche en polaire :

Il suffit de remplacer le tissu imperméable (PUL) par un tissu polaire bien épais et imperméable de type Windpro® ou Windbloc® (fabricant Malden Mills®) ; ce type de couche est parfait pour les siestes et les nuits car elle est respirante et ajustable à souhait du point de vue de l'absorption.

> la TE1 à poche avec biais élastique :

C'est une couche qui se conçoit comme la culotte en PUL (voir page 26) : la différence est dans le fait que vous devez d'abord assembler tissu extérieur et tissu intérieur envers sur envers ; puis vous posez le biais tout autour de l'ensemble, de façon à élastiquer cuisses et dos.

> la TE1 intégrale (pas de poche) :

Pour confectionner cette couche qui ressemble beaucoup à une jetable, sauf qu'elle est en tissu, il faut suivre les instructions de la confection de la couche simple ; la différence va concerner le tissu extérieur de la couche, qui cette fois, doit être imperméable (PUL ou polaire imperméable). Il est possible d'ajouter une épaisseur « cachée » entre le tissu imperméable et le tissu intérieur, surtout si celui-ci est effet « fesses au sec ».

Pour un séchage plus rapide, vous pouvez installer le noyau absorbant à l'extérieur de la couche (voir page 22).

> la TE1 intégrale avec biais :

Vous devez d'abord assembler une épaisseur absorbante (intérieur de la couche) sur laquelle le noyau est cousu, avec l'épaisseur extérieure (imperméable) de la couche, envers contre envers. Pour finir et élastiquer les cuisses et le dos de la couche, poser le biais élastique tout autour en suivant les instructions de la confection de la culotte en PUL.

Cette couche TE1 à poche a été réalisée en PUL (tissus extérieur) et en bambou molletonné blanc. Le noyau est en éponge bio.

Couche « tout-en-deux »

La couche TE2 est à mi-chemin entre la couche TE1 et le système couche simple + culotte. La couche intérieure est amovible : elle se met dans la culotte et est maintenue en place par des Velcro (ou des pressions) ce qui procure quelques avantages : elle se met en une seule opération, comme une TE1, mais elle est moins grosse sur le ventre car la couche intérieure n'a pas d'ailettes, elle sèche plus vite que la TE1. Par ailleurs, vous pouvez fabriquer plusieurs couches intérieures (3 ou 4) pour 1 même extérieur, ce qui est plus économique en PUL que les TE1.... Elle est conseillée pour les bébés qui ont des fuites avec la TE1.

Fournitures

> du tissu imperméable (PUL) : mêmes dimensions que pour une culotte (voir page 26)

> du tissu absorbant pour la couche intérieure :
Taille S : un coupon de 32 cm x 14 cm pour chaque épaisseur (2 ou 3)
Taille M : un coupon de 37 cm x 15 cm pour chaque épaisseur (2 ou 3)
Taille L : un coupon de 45 cm x 18 cm pour chaque épaisseur (2 ou 3)

> du tissu absorbant pour le noyau,

> de l'élastique : 50 à 80 cm

> du Velcro ou des pressions

> du biais élastique : mêmes dimensions que pour une culotte (voir page 26)

> du fil polyester

Coupe (patrons 1 et 2 sur la planche 2a)

> patron 1 à découper 1 fois dans le PUL,
> patron 2 à découper 2 ou 3 fois dans le tissu absorbant choisi,
> noyau à découper 2 ou 3 fois dans le tissu absorbant choisi.

Comment faire ?

Confection de l'extérieur de la couche :
Suivre les mêmes instructions que pour la culotte de protection en PUL (voir page 26) selon le patron 1. Vous devrez juste ajouter des Velcro (ou des pressions) doux à l'intérieur de la culotte, qui serviront à maintenir la couche intérieure dans la culotte.

Confection de l'intérieur de la couche :
Selon le patron 2, couper l'intérieur de la couche (2 ou 3 épaisseurs) et le noyau absorbant et suivre les mêmes instructions que pour la couche simple (voir page 21). Voici un exemple de composition de la couche : 1 épaisseur de microéponge de bambou, 1 épaisseur de microfibre et 1 épaisseur de bambou polaire. Pour le noyau : 2 épaisseurs de microéponge de bambou et 1 épaisseur de microfibre.
Ajouter des Velcro durs aux emplacements prévus (sans oublier le morceau de Velcro doux à côté pour le lavage !)

Cette couche TE2 a été réalisée en PUL (tissus extérieur) et en bambou microéponge rouille. Le noyau est un molleton de chanvre bio.

Lingettes lavables bimatière

Elles remplacent lingettes jetables et carrés de coton, au moment du change de bébé.

Coupe

Patron à dessiner soi-même :
carré de 11 cm de coté.

Comment faire ?

1 Pour réaliser une lingette : découper un carré de 10 cm de côté (+ 1 cm de marge de couture) dans chaque tissu, les placer endroit contre endroit et maintenir en place avec des épingles.

2 Coudre au point droit tout le tour de la lingette en laissant une ouverture de 5 cm (de préférence au milieu d'un côté).

3 Dégarnir les angles et retourner sur l'endroit grâce aux 5 cm non cousus.

4 Fermer alors ces 5 cm restants au point droit en rentrant à l'intérieur les marges de couture ; vous pouvez faire tout le tour de la lingette au point droit pour plus de finition.

5 Avec une surjeteuse, couper 1 carré de 10 cm de côté (les marges de couture ne sont pas nécessaires) dans chacun des tissus ; épingler les deux faces envers contre envers et surfiler tout le tour. On peut arrondir les angles de la lingettes si on le souhaite.

Fournitures

> du tissu éponge, du jersey velours (de coton ou de bambou), de la flanelle, etc. Utilisez vos chutes de tissus ! Recyclez des tissus que vous n'utilisez plus !

> du fil

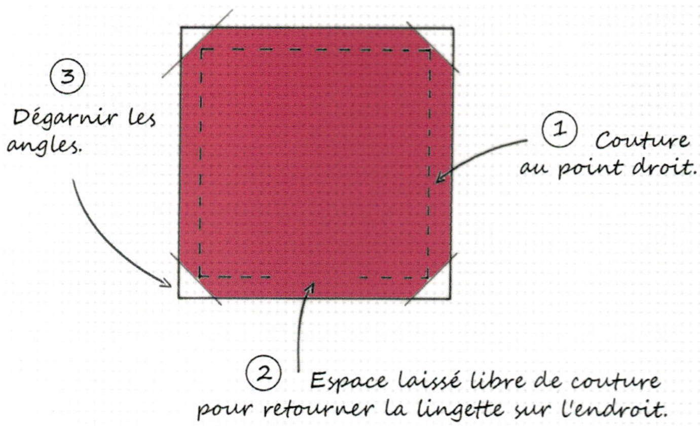

Le sac à couches

Pour transporter sans souci les couches lavables usagées, ce sac est indispensable.

Fournitures

- **> un coupon de PUL de 41 cm x 80cm,**
- **> du fil polyester,**
- **> 3 morceaux de Velcro doux et rugueux ou des pressions (3 mâles et 3 femelles et des petites chutes de polaire pour la pose des pressions)**

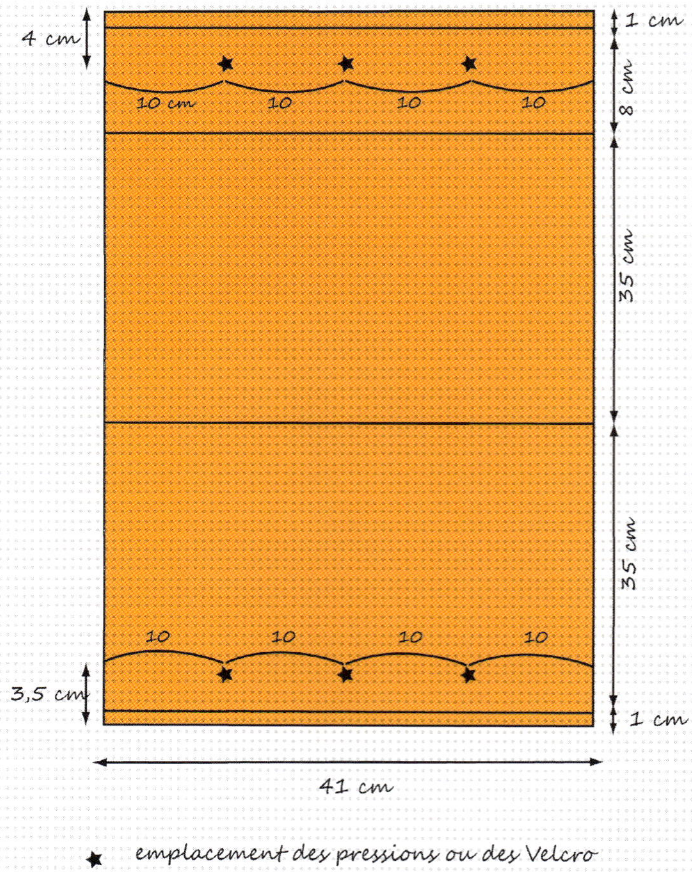

Coupe

Patron à dessiner soi-même :
un rectangle de 41 cm x 80 cm (coutures comprises)

Comment faire ?

1 Faire un ourlet de 1 cm sur les petits côtés du rectangle de PUL.

2 Marquer l'emplacement du rabat de 8 cm.

3 Marquer l'emplacement des Velcro ou des pressions de façon à ce qu'ils soient à égale distance les uns des autres (soit à 10 cm) et à 4 cm de la bordure du rabat du sac pour le Velcro rugueux (ou les pressions mâles) et à 3,5 cm du bord pour le Velcro doux (ou les pressions femelles).

4 Coudre les morceaux de Velcro à leur emplacement respectif avec une aiguille fine (n° 70) ou poser les pressions (dans ce cas on doublera chaque pression de 1cm² de polaire du côté envers pour renforcer le PUL et éviter qu'il ne se déchire).

Ce sac à couches a été réalisé en PUL.

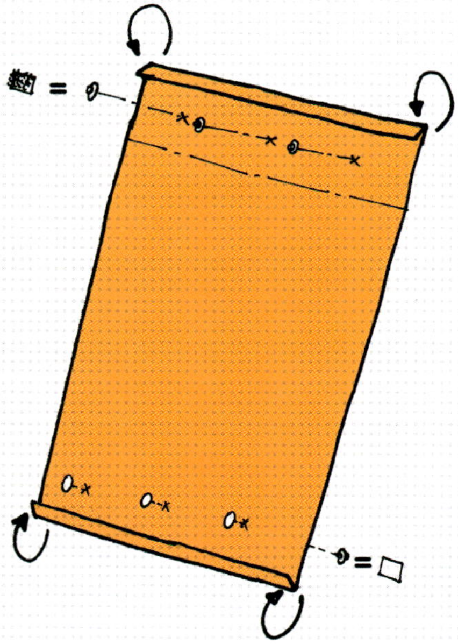

5 Plier le PUL endroit contre endroit car vous allez coudre sur l'envers, c'est-à-dire sur le côté brillant qui est l'enduction du tissu. On doit pouvoir fermer les Velcro (ou les pressions). Épingler les côtés, et faire une couture un point droit à 0,5 cm du bord tout le long.

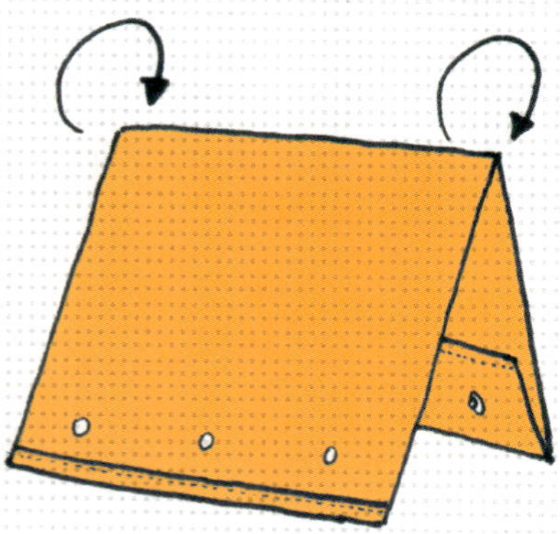

6 Retourner le sac sur l'endroit et le laver à la machine à laver à 40 °C avant une première utilisation.

Pour bébé

- Pantalon spécial couches lavables et ses variantes
- « Combi-nomade »
- Porte-bébé « sling »
- Jambières
- Bavoir « j'enfile tout seul »
- Chaussons souples
- Doudou étiquettes
- Doudou coccinelle
- Chaise nomade en tissu
- Sac à langer et son « crazy » tapis de change

Pantalon spécial couches lavables

Vous avez peut-être remarqué que certains pantalons très « mode » n'ont pas une coupe adaptée aux couches lavables, souvent plus épaisses que les couches jetables.
Ce modèle de pantalon est spécialement étudié pour accueillir vos jolies couches lavables, tout en laissant à votre bébé l'aisance de ses mouvements. Les tailles sont données à titre indicatif, vérifiez les mesures de votre enfant avant de choisir celle qui convient car ce modèle peut tailler grand pour les enfants fins.

Quatre versions vous sont proposées : le pantalon normal, le pantalon-jupette pour ces demoiselles, le bloomer (tracé « short » plus court) et le knickers. N'hésitez pas à mélanger les 4 modèles : pourquoi pas un short avec la taille en bord côte, un pantalon avec jupette sur le devant et sur le dos, assemblées juste pas la taille, etc. Place à votre imagination...

Fournitures *(tailles : 1 mois à 2 ans)*

> du tissu : jersey velours, cotonnade, velours milleraies, molleton de coton, etc.

> de l'élastique (40 à 50 cm) pour les 3 premières versions ;

> du bord côte* pour le knickers.

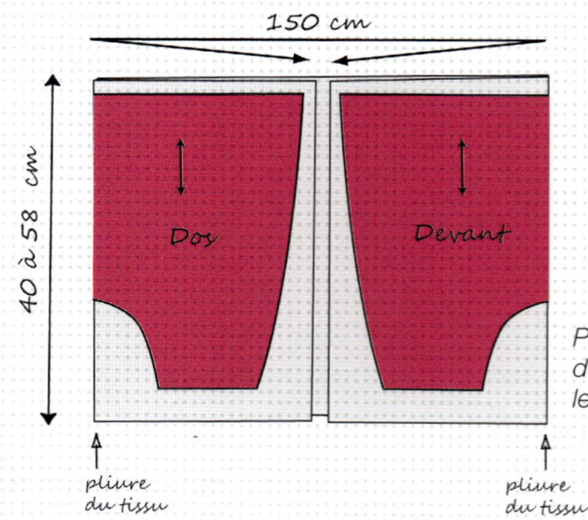

Pièce de base à découper 2 fois sur le pli du tissu.

Coupe (patron sur la planche n° 2a)

Pièce de base identique pour le devant et le dos. La liste des pièces nécessaires est détaillée pour chaque modèle. Les mesures données pour le bord côte et la jupette incluent les marges de couture.

TAILLES	1 mois	3 mois	6 mois	12 mois	18 mois	2 ans
Tissu nécessaire pour la pièce de base (en 150 cm de large)	40 cm	40 cm	43 cm	48 cm	54 cm	58 cm
En plus pour le knickers Bord côte taille (hauteur 30 cm)	40 à 45 cm	40 à 45 cm	45 cm	48 cm	50 cm	50 cm
Bord côte jambes (hauteur 15 cm)	2x14 cm	2x14 cm	2x15 cm	2x16 cm	2x17 cm	2x18 cm
En plus pour la jupette Rectangle dans le même tissu ou un tissu assorti	42x27 cm	45x28,5 cm	46x31 cm	48x33 cm	50x35 cm	51x36,5 cm

* **Le bord côte** est un jersey tricoté en côtes, très extensible. Si vous n'en trouvez pas, du jersey simple peut convenir. Que vous utilisiez l'un ou l'autre, il faut dans tous les cas adapter les mesures (données à titre indicatif), en fonction du degré d'élasticité de votre tissu.

Ce pantalon a été réalisé en interlock coton bio vert
et doublé en micropolaire rose.

Comment faire ?

1 Couper le patron en ajoutant 1 cm de marges de couture et 2 cm pour l'ourlet du bas.

2 Assembler le dos et le devant endroit contre endroit. Bâtir, piquer les coutures des côtés et de l'entrejambe. Surfiler les surplus de couture, cranter ceux de l'entrejambe.

3 Surfiler le bas des jambes, faire un rentré de 2 cm pour l'ourlet. Bâtir, repasser et piquer.

4 Faire un rentré à la taille au niveau des crans, repasser et piquer en laissant une ouverture de quelques centimètres pour enfiler l'élastique. Passer l'élastique avec une épingle de sûreté, le coudre solidement, puis terminer la couture de la taille.

Pantalon jupette

Coupe (patron sur la planche n° 2a)

> Pièce de base à découper 2 fois sur le pli du tissu.
> Pièce jupette à découper 1 fois sur le même tissu ou un coordonné.

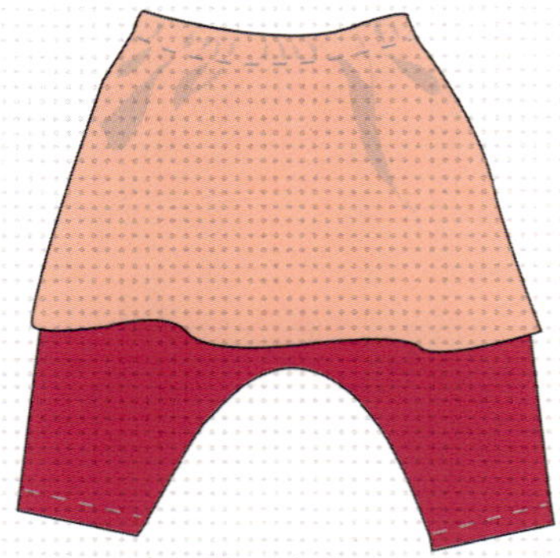

Dos du Pantalon-Jupette

Comment faire ?

1 Couper le patron du pantalon en ajoutant 1 cm de couture et 2 cm pour l'ourlet du bas.

2 Découper un rectangle pour la jupette (dimensions indiquées pour chaque taille dans le tableau page 44).

3 Faire un ourlet de 1 cm le long d'un des grands bords de la jupette.

4 Assembler la jupette avec le dos du pantalon à la taille : envers de la jupette contre endroit du dos du pantalon. Bâtir, piquer et surfiler les deux parties ensemble. Surfiler le bord du devant du pantalon à la taille.

5 Assembler le dos et le devant du pantalon endroit contre endroit (la jupette se retrouve au milieu). Épingler les côtés du pantalon, en prenant les côtés de la jupette. Bâtir, piquer et surfiler ces trois épaisseurs. Repasser les bords ouverts.

6 Piquer la couture d'entrejambe (attention de ne pas prendre la jupette dans la couture), surfiler et cranter.

7 Surfiler le bas des jambes, faire un rentré de 2 cm pour l'ourlet. Bâtir, repasser et piquer.

8 Faire un rentré à la taille au niveau des crans, repasser et piquer en laissant une ouverture de quelques centimètres pour enfiler l'élastique. Passer l'élastique avec une épingle de sûreté, le coudre solidement, puis terminer la couture de la taille.

Ce pantalon jupette a été réalisé en polaire, la jupette est en suédine et le bord côte en coton.

Short ou bloomer

> Pièce de base (tracé « short ») à découper 2 fois dans le tissu.

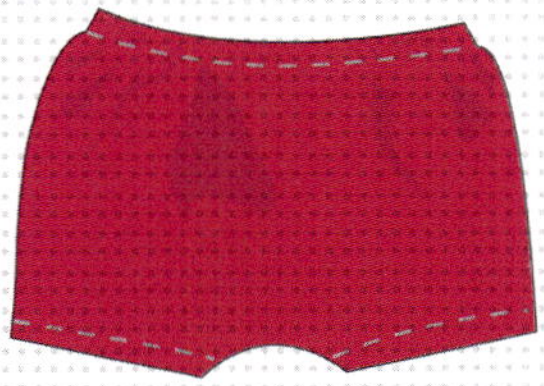

1 Couper le patron en suivant le tracé « short » et en ajoutant 1 cm de couture et 2 cm pour l'ourlet du bas.

2 Assembler le dos et le devant endroit contre endroit. Bâtir, piquer les coutures des côtés et de l'entrejambe. Surfiler les surplus de couture, cranter ceux de l'entrejambe.

3 Surfiler le bas des jambes, faire un rentré de 2 cm pour l'ourlet. Bâtir, repasser et piquer. Si vous souhaitez élastiquer le bas du short pour une version bloomer, penser à laisser une ouverture de quelques centimètres pour faire passer un élastique et procéder comme pour l'élastique de la taille (voir ci-dessous), mais avec un élastique de 1 cm de large.

4 Faire un rentré à la taille au niveau des crans, repasser et piquer en laissant une ouverture de quelques centimètres pour enfiler l'élastique. Passer l'élastique avec une épingle de sûreté, le coudre solidement, puis terminer la couture de la taille.

Knickers

Coupe (patron sur la planche n° 2a)

> Pièce de base raccourcie (voir ci-dessous) à découper 2 fois sur le pli du tissu.
> Pièce de bord côte pour la taille à découper 1 fois (voir dimension page 44)
> Pièce de bord côte des jambes à découper 2 fois (voir dimension page 44)
Pour la pose du bord côte, voir dessin page 64

1 Modifier le patron du pantalon classique comme suit : enlever 3 cm dans le bas des jambes pour les tailles 1 mois, 3 mois et 6 mois, et 4 cm pour les autres tailles. Au niveau de la taille, enlever 2,5 cm puisque le bord côtes va remplacer le rentré pour l'élastique. Couper le patron selon ces modifications, en ajoutant 1 cm de marge de couture.

2 Assembler le dos et le devant endroit contre endroit. Bâtir, piquer les coutures des côtés et de l'entrejambe. Surfiler les surplus, cranter ceux de l'entrejambe

3 Pour le bas des jambes en bord côte : piquer, endroit contre endroit les petits côtés du bord côte au point élastique. Vous obtenez un cercle, le plier en deux, envers contre envers. L'assembler au pantalon : positionner le milieu du bord côte avec la couture d'assemblage de l'entrejambe et aligner la couture d'assemblage avec la couture de côté du pantalon. Piquer tout en étirant le bord côte. Faire le deuxième bas de pantalon de la même façon.

4 Pour la taille en bord côte : piquer les extrémités de la bande de bord côte au point élastique afin de former un cercle que vous pliez en deux envers contre envers. Marquer chaque quart du cercle et l'assembler endroit contre endroit au pantalon en alignant les marques avec les milieux dos, devant et les coutures de côté du pantalon. Piquer tout en étirant le bord côte.

Ce pantalon knickers a été réalisé en jersey velours de coton bio, le bord côte est en coton.

La « combi-nomade »

Cette couverture/manteau vous permet de mettre bébé au chaud sans risquer de le réveiller et sans avoir besoin de le manipuler : pas de jambes ni de manches à enfiler, vous posez bébé à plat sur la « combi-nomade », et refermez toutes les parties.

En simple version nid d'ange, ou avec deux jambes séparées pour les besoins des attaches de sièges auto, à vous de choisir…
Selon les saisons, vous la confectionnerez assez légère : en jersey, molleton de coton, jersey velours, ou plus épaisse : jersey de laine, laine bouillie, tissu matelassé, etc.

Tailles 1-3 mois, 6 mois et 12 mois.

Fournitures

> du tissu pour l'extérieur (voir tableau ci-dessous)

> du tissu assorti pour la doublure (même quantité que le tissu extérieur)

> 40 cm de Velcro (pour les trois tailles)

TAILLES	1-3 mois jusqu'à 61 cm	6 mois de 61 à 67 cm	12 mois de 67 à 81 cm
Tissu nécessaire (en 150 cm de large)	80 cm	85 cm	90 cm

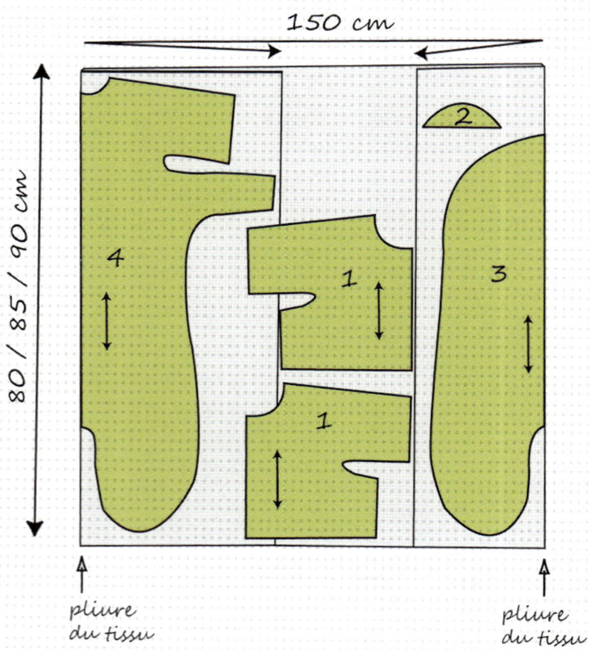

Coupe (patron sur les planches n° 2a et 2b)

Marges de couture à ajouter sur toutes les pièces du patron : 1,5 cm.
> Pièce 1 (buste devant) :
à couper 2 fois dans chaque tissu,
> Pièce 2 (sous-patte) :
à couper 2 fois dans chaque tissu,
> Pièce 3 (jambes devant) :
à couper sur la pliure 1 fois dans chaque tissu,
> Pièce 4 (dos) :
à couper sur la pliure 1 fois dans chaque tissu.

Deux versions vous sont proposées : le nid d'ange (tracé A sur le patron) et la combinaison à jambes (tracé B sur le patron).

Cette combi-nomade a été réalisée en teddy microfibre (tissu extérieur) et interlock bio (tissu intérieur).

Comment faire ?

1 Assembler chaque sous-patte (pièce 2) avec sa doublure, endroit contre endroit, en laissant le bord droit ouvert. Réduire la couture et cranter. Retourner la sous-patte et la repasser. Bâtir les bords droits.

2 Prendre les pièces du tissu extérieur pour les étapes suivantes :

> Renforcer l'arrondi du dessous de bras (pièce 1) en faisant une piqûre à 1,5 cm du bord, entre les 2 points. Cranter cette partie dans les courbes. Épingler la sous-patte sur le buste endroit contre endroit, en faisant correspondre les crans. Bâtir.

> Assembler et piquer le buste devant (pièce 1) avec le dos (pièce 4) par les épaules, endroit contre endroit. Ouvrir les coutures au fer et faire une surpiqûre sur l'endroit à 2 mm de chaque côté de la couture.

> Épingler le bas devant (pièce 3) avec le dos (pièce 4), en faisant correspondre les repères. Piquer entre ces deux repères, réduire la couture et cranter aux arrondis.

3 Assembler de la même façon la doublure du vêtement, sans les sous-pattes, en laissant une ouverture de 10 cm au moins sur un côté extérieur du bas du devant sous le pois, par laquelle le vêtement sera retourné.

4 Assembler les deux parties (extérieur du vêtement + doublure) endroit contre endroit et bâtir tout le tour. *Nota bene* : les jambes sont glissées l'une dans l'autre si vous faites le modèle B. Piquer tout le tour du vêtement. Réduire les coutures, cranter aux arrondis et dégarnir les angles.

5 Retourner le vêtement sur l'endroit par l'ouverture laissée précédemment, que vous fermerez à points glissés. Bien repasser les bords et faire une surpiqûre sur l'endroit sur tout le pourtour du vêtement à 0,5 cm du bord..

6 Coudre les Velcro aux endroits indiqués sur le patron de la façon suivante : le côté doux sur la face intérieure du vêtement (soit sur la doublure), le côté dur sur la face extérieure du vêtement.

Pour installer le bébé : poser le vêtement tout ouvert à plat (sur un lit par exemple), glisser les jambes du bébé dans la partie basse, rabattre la partie buste sur ses épaules, fermer les Velcro sous les bras (en rentrant la sous-patte) et sur le buste devant, amener le devant inférieur sur le buste et fermer avec le Velcro et enfin croiser les pattes du devant et les fermer.

Porte-bébé « sling »

Vous avez sans doute déjà croisé des bébés portés en écharpe ou en « sling », une méthode de portage de plus en plus plébiscitée par les parents qui souhaitent garder le contact corporel et rassurant avec leur enfant tout en vaquant sereinement à leurs occupations.

Les porte-bébés occidentaux destinés à un portage de courte durée et pour des bébés de quelques semaines, peu confortables pour les bébés qui sont suspendus par leurs organes génitaux, leurs jambes pendant dans le vide, sont de plus en plus délaissés au profit de systèmes se rapprochant plus du portage des cultures traditionnelles, dans lesquelles on porte les bébés plus souvent et plus longtemps, ce qui est bon pour eux !

Nous vous proposons de réaliser un croisement entre l'écharpe et le « sling » : le « sling » réalisé en tissu sergé croisé, est le plus confortable. L'idéal est de le réaliser avec une écharpe courte, vous aurez du mal à trouver du tissu au mètre ayant les mêmes qualités. Le plus économique serait de réaliser 2 « slings » dans une écharpe de portage de grande longueur (4.80 m), il ne vous reste donc plus qu'à convaincre une amie !

Comment faire ?

Nous vous proposons pages suivantes trois méthodes de pliage pour confectionner ce « sling » : choisissez-en une.
Ourlez les longueurs du tissu si cela n'est pas déjà fait.

Fournitures *(taille unique)*

> du sergé de coton ou de chanvre (tissé en diagonale) ou une écharpe de portage courte (70 cm sur 230 cm ou plus selon votre corpulence) : le tissu utilisé doit être résistant tout en restant assez souple pour être confortable pour le porteur comme pour l'enfant

> 2 anneaux en aluminium de 5 à 7 cm de diamètre (plus votre tissu est épais, plus le diamètre des anneaux doit être grand)

Méthode « sandwich »

1 Marquer le centre de la largeur du tissu à 1 ou 2 cm du bord. Replier une fois les extrémités de la largeur vers le centre. Marquer au fer à repasser. Replier une seconde fois toujours vers le centre et marquer au fer à repasser. Maintenir le tout avec des épingles.

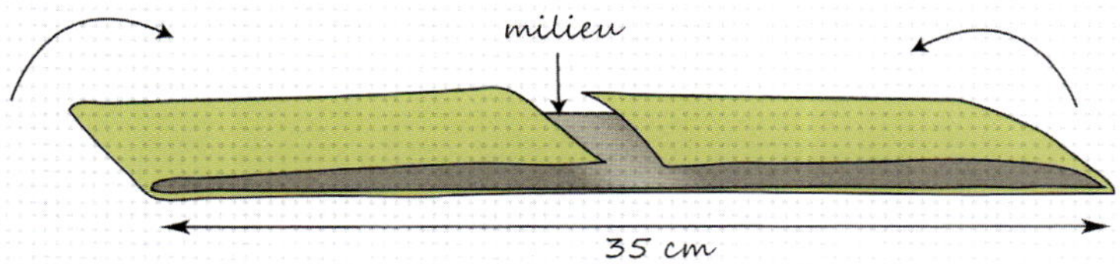

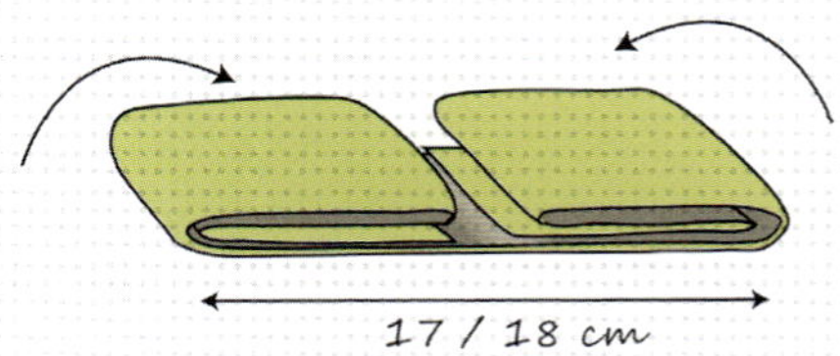

2 Piquer au point droit pour fixer le pliage, une première fois à 1 cm du bord, puis une deuxième fois à 31 cm du bord. Surjeter ou surfiler le bord dans la marge faite par la première couture.

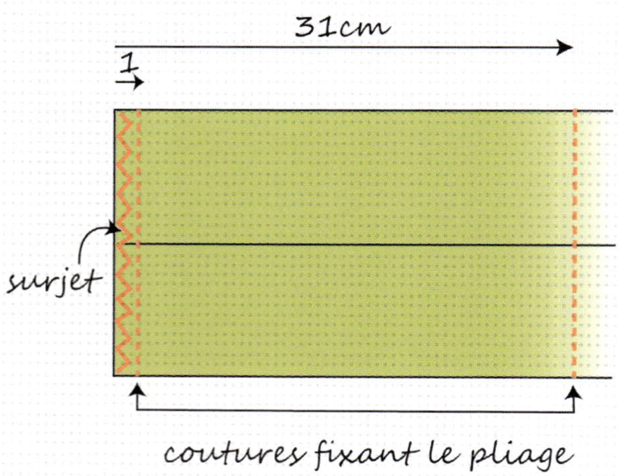

3 Passer le tissu dans les deux anneaux et faire coïncider les deux coutures. Fixer alors les deux parties l'une sur l'autre, en faisant une couture en carré (de 15 cm de coté) ; pour renforcer cette couture, piquer aussi au point droit une croix à l'intérieur du carré.

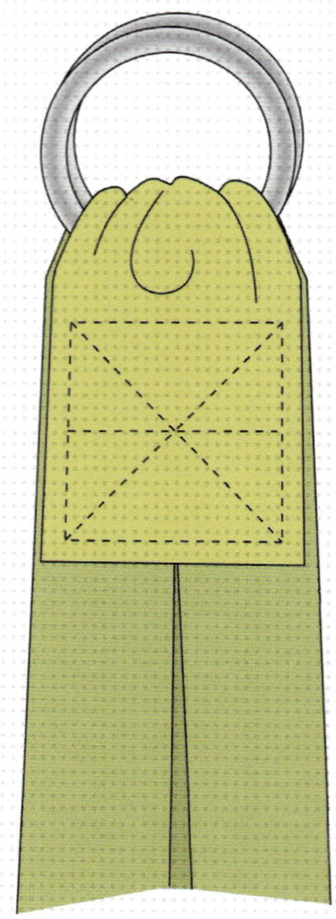

Ce sling a été réalisé en sergé de chanvre uni, les bords sont en toile de coton.

Méthode des petits plis plats

1 À une extrémité du tissu, sur sa largeur, tracer tous les 3 cm des lignes perpendiculaires d'une vingtaine de centimètres de long. En suivant ces lignes, former des plis les uns après les autres, chaque tête de pli arrivant juste au bord de la précédente. Épingler chaque pli au fur et à mesure, au bord du tissu et à 20 cm. Repasser ensuite pour bien aplatir les plis.

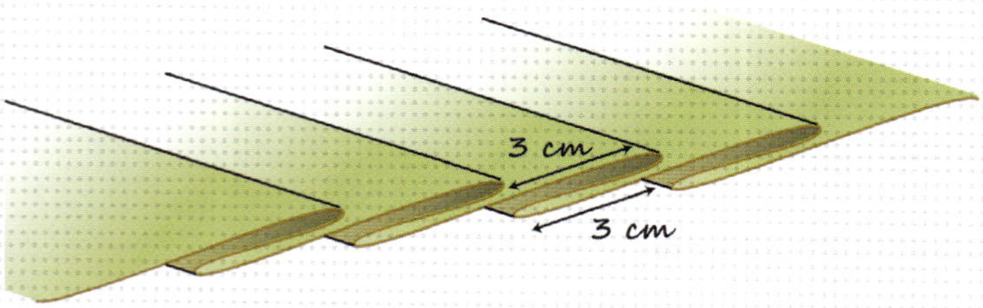

2 Piquer au point droit à 1 cm du bord pour fixer tous les plis. Surjeter ou surfiler le bord dans la marge laissée pour éviter l'effilochage du tissu.
Piquer à nouveau au point droit à 16 cm de la première piqûre.

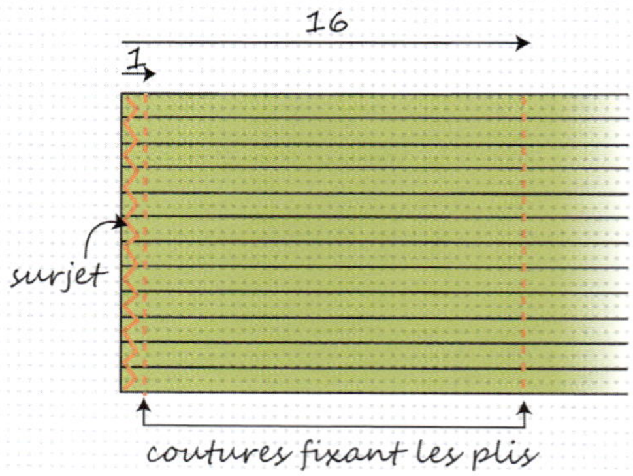

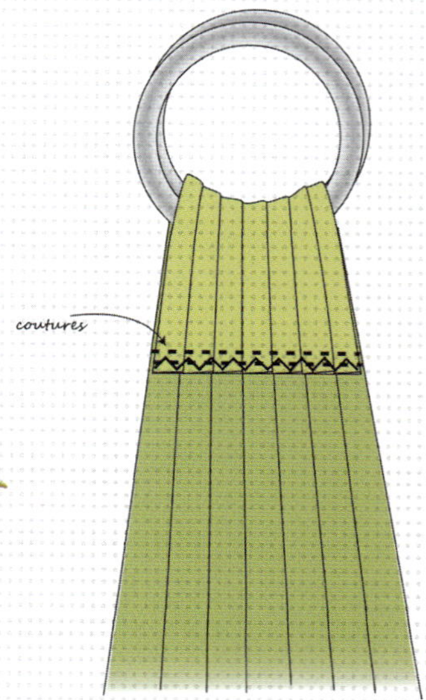

3 Passer le tissu dans les deux anneaux et faire coïncider les deux coutures. Coudre alors toutes les épaisseurs au moyen d'un fil solide et d'une aiguille adaptée aux épaisseurs importantes. Ne pas hésiter à faire plusieurs allers-retours pour que la couture soit bien solide.

Ce sling a été réalisé en sergé de coton.

Méthode des plis accordéon

1 Plier le tissu dans la largeur, endroit contre endroit, et marquer au fer à repasser.

2 Sur la demi-largeur, faire trois coutures au point droit sur une vingtaine de centimètres : une couture à 6 cm et une autre à 14 cm de la première.

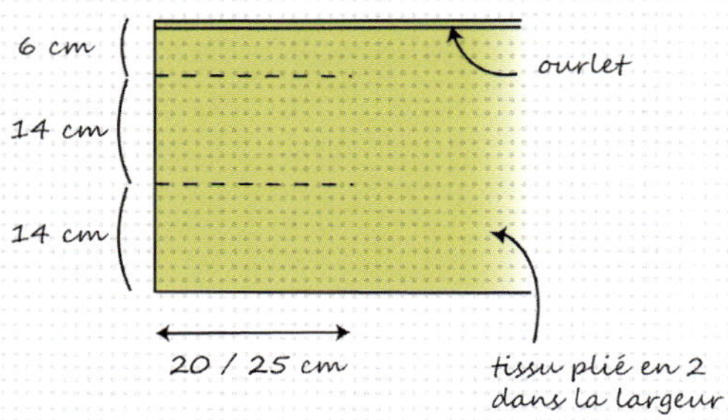

3 Écarter les plis et aplatir l'ensemble au fer à repasser pour obtenir une bande de 14 cm de large.

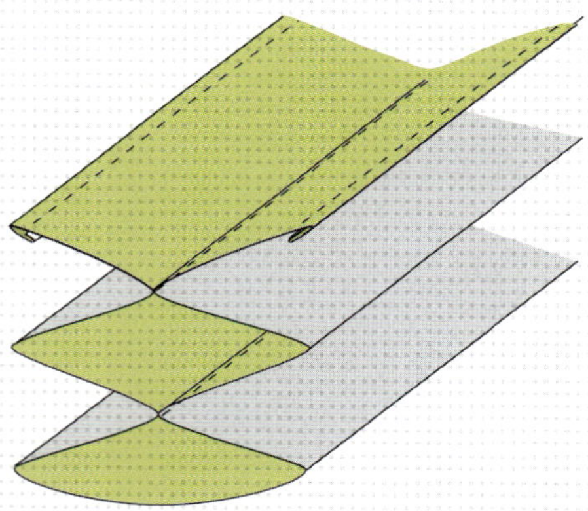

4 Coudre toutes les épaisseurs ensemble au point droit à 1 cm du bord et surjeter ou surfiler le bord pour éviter l'effilochage du tissu.

5 Passer le tissu dans les deux anneaux et le rabattre à 20 cm de ceux-ci. Assembler les deux épaisseurs en cousant un carré de 13 cm et des coutures en diagonale à l'intérieur du carré.

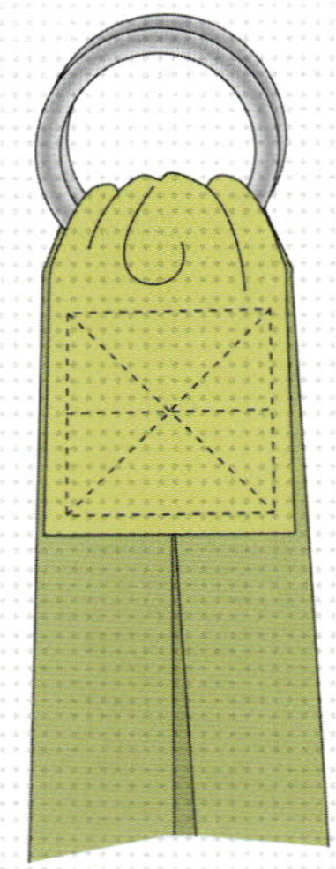

6 Une fois que vous avez fixé les anneaux au moyen de la méthode de votre choix, faire l'ourlet à l'autre extrémité du pan de tissu. Glisser alors cette extrémité dans les anneaux de cette façon : passer une première fois le pan de tissu dans les deux anneaux, puis glisser le tissu par-dessus le premier anneau et sous le deuxième en retour, tirer pour ajuster le « sling ».
Le porte-bébé est prêt à être utilisé !

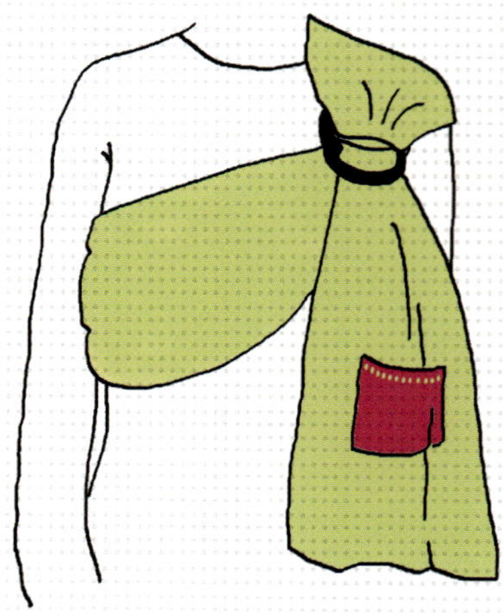

Bonus :
pour un « sling » encore plus pratique, confectionnez une poche (carré de 25 cm x 25 cm par exemple) que vous fixerez sur l'envers de l'extrémité sans anneaux.

Jambières

Porté contre vous, bébé est bien au chaud, pensez à ne pas trop le couvrir, vous êtes un bon « radiateur » pour lui… Mais porté dans les bras ou le sling, assis dans la poussette ou dans le siège auto, le pantalon remonte, les mollets se découvrent et se refroidissent.
Ces jambières peuvent aussi se porter tout au long de la journée à la maison, sans pantalon par-dessus, bébé se déplacera à sa guise sans se prendre les pieds dans le revers du pantalon et sans avoir froid aux jambes. Pour celles qui pratiquent l'hygiène naturelle, ce sera très pratique !

Jambières en polaire

Si vous ne tricotez pas, vous pouvez réaliser des jambières en polaire en un tour de main. Ce modèle, facile à mettre et réversible avec ses pressions, se portera plutôt par-dessus le pantalon.

Comment faire ?

Patron à réaliser soi-même : 2 rectangles de 20 cm x 30 cm (coutures comprises)

1 Assembler chaque rectangle avec son coordonné, endroit contre endroit. Piquer à 1 cm du bord, en laissant une ouverture de quelques centimètres pour retourner (pas dans un angle !). Dégarnir les angles.

2 Retourner et surpiquer tout le tour de chaque rectangle à quelques millimètres du bord, ce qui fermera par la même occasion l'ouverture laissée à l'étape précédente.

3 Sur le plus petit côté du rectangle, poser les trois pressions mâles (une en haut, une en bas et l'autre au centre) à 1 cm du bord, et trois autres à 3 cm des premières. Positionner ensuite les six pressions femelles sur le côté opposé. Vos jambières sont ainsi réversibles ! Si vous les utilisez sur un tout petit, vous pouvez faire des revers. Vous pouvez aussi utiliser du Velcro pour fermer ces jambières.

Fournitures *(taille unique)*

- > **30 cm de polaire, micropolaire ou polaire imperméable**
- > **30 cm de polaire, micropolaire ou polaire imperméable assorti**
- > **12 pressions ou du Velcro**

Jambières tricotées

Les modèles présentés ici sont tricotés avec de la laine à chaussettes de la marque Noro (Kureyon sock), magnifiquement dégradée.

Comment faire ?

1 Monter 48 mailles sur une aiguille circulaire, glisser la moitié de ces mailles sur l'autre aiguille circulaire, et placer chaque « groupe » de 24 mailles au milieu de chaque aiguille circulaire (partie souple). Pour tricoter un côté, faire glisser les mailles d'une aiguille à l'une de ses extrémités (partie rigide de l'aiguille), et tricoter avec l'autre extrémité de la même aiguille. Quand ces mailles sont tricotées, les replacer au milieu de l'aiguille circulaire, et tricoter de la même façon sur l'autre aiguille (chaque groupe de mailles reste toujours sur la même aiguille). Prendre soin de bien tendre le fil lorsque l'on passe d'une aiguille à l'autre pour que le raccord soit joli.

2 Tricoter ainsi en rond pendant 25 cm.

3 Terminer par 1 cm de côtes 1/1.
Fermer souplement.

On peut aussi tricoter en rond avec un jeu de 5 aiguilles, mais avec si peu de mailles les aiguilles circulaires sont plus pratiques, moins encombrantes et nettement plus faciles à manier, le tricot sera donc plus rapide.
Le point de côtes 3/3 donne une grande élasticité à ces jambières, qui s'adapteront ainsi à la morphologie de la plupart des bébés, menus ou plus rondelets, et autre avantage non négligeable, vous pourrez les utiliser longtemps. Le centimètre de côtes 1/1, moins extensible mais légèrement plus large, se place en haut de la jambe.

Fournitures *(taille unique)*

> 1 pelote de laine Noro Kureyon Sock (100g)

> 2 aiguilles circulaires n° 3

Points employés

> côtes 3/3 : *3 mailles endroit, 3 mailles envers* (répéter de * à *)

> côtes 1/1. : * 1 maille endroit, 1 m envers* (répéter de * à *)

Échantillon

un carré de 10 cm x 10 cm au point jersey (*1 rang endroit, 1 rang envers*) = 28 mailles et 40 rangs. Adapter la grosseur d'aiguilles en fonction de votre échantillon. Si vous décidez plutôt d'adapter le nombre de mailles, celui-ci devra toujours être un multiple de 6 puisque les jambières sont réalisées en côtes 3/3.

Bavoir « j'enfile tout seul »

Un bavoir qui n'a ni liens à nouer ni pressions, grâce à son encolure douce et souple. Sa forme bien couvrante protège non seulement le devant de l'enfant mais aussi les épaules.

Fournitures *(6-12 mois et + de 18 mois)*

> 1 rectangle d'éponge de :
30 cm x 40 cm pour la taille 1
35 cm x 45 cm pour la taille 2

> du bord côte ou du jersey de coton de 10 cm de large et maximum 38 cm de long (les marges de couture sont comprises) : la longueur sera en fonction de l'élasticité du jersey ou du bord côte ; plus il est élastique et moins vous avez besoin d'en mettre. Pour que le rendu soit joli, que le jersey ou le bord côte ne baille pas, il faut que la bande soit suffisamment tendue.

> du biais préplié en coton (facultatif) : 150 à 160 cm de long.

Coupe

Patron à tracer soi-même :

> rectangle de 30 cm x 40 cm pour la taille 1 (6 à 12 mois),

> rectangle de 35 cm x 45 cm pour la taille 2 (18 mois et plus).

Comment faire ?

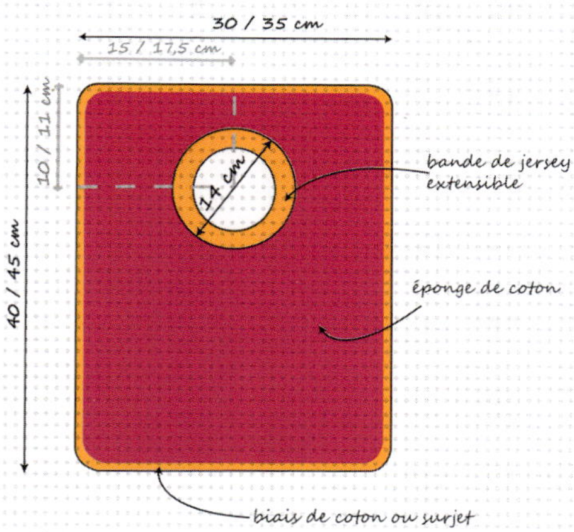

1 Découper la pièce d'éponge et tracer un cercle de 14 cm de diamètre en le centrant comme cela : à 10 /11 cm du haut du bavoir et au centre de la largeur (soit à 15 /17,5 cm d'un bord). Évider aux ciseaux.

2 Coudre les petits côtés du bord côtes, endroit contre endroit, de façon à obtenir un cercle. Ouvrir la couture au fer. Plier le bord côte, envers contre envers, le long des grands côtés et repasser.

3 Marquer le tissu du bavoir et du bord côte à chaque quart du cercle. Poser le bord côte sur le bavoir selon ces repères, endroit contre endroit, en l'étirant pour l'adapter au diamètre de l'éponge et épingler.

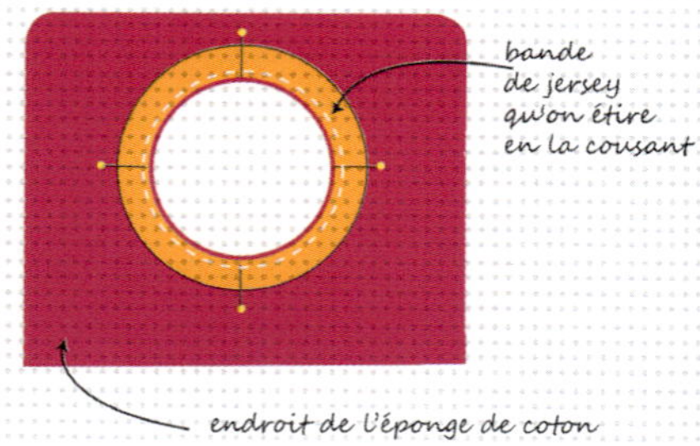

4 Bâtir le tout avant de piquer : avec une surjeteuse ou une machine à coudre qui le propose, utiliser un surjet large ; sinon assembler une première fois avec un point droit à 0,8 cm du bord et utiliser un point zigzag dans la marge de couture pour éviter l'effilochage des tissus. Repasser la couture.

5 Finir les bords du bavoir : au choix, vous pouvez laisser les coins à angle droit ou bien les arrondir. Si vous avez une surjeteuse, vous pouvez surjeter tout le tour du bavoir au moyen d'un surjet bien serré car l'éponge s'effiloche beaucoup. Pour une finition plus soignée, vous pouvez poser un biais de coton (uni ou imprimé) tout autour du bavoir.

Chaussons souples

Toute maman sait combien de fois elle a perdu la chaussette ou le joli chausson en laine tricotée de son bébé : au fond du lit, dans la rue, aux quatre coins de la maison… Voici enfin des chaussons souples qui ne glissent pas des pieds de bébé, sans pour autant serrer sa cheville ou son mollet.
Nous vous proposons de les confectionner en cuir ou en tissu, jusqu'à la taille 30, car ces chaussons souples peuvent servir d'unique chaussant pendant de nombreux mois : contrairement aux idées répandues dans notre culture, le pied d'un enfant n'a pas besoin d'être maintenu dans des chaussures hautes, rigides, et ô combien inconfortables.

Fournitures *(pointures 16 à 30)*

> du cuir, de la laine bouillie ou du tissu (par exemple velours, jean, etc.)

> de l'élastique plat de 0,5 cm de large ou de l'élastique rond (longueur en fonction du pied de votre enfant)

> 2 arrêts de cordon (facultatif)

> tissu antidérapant, appelé jiffy grip (facultatif)

Selon l'âge du bébé, s'il marche ou pas encore, vous adapterez les matières utilisées : tout en tissu, tissu avec semelle en cuir, tout en cuir, tissu avec semelle en tissu antidérapant.

Chaussons en cuir

Explications valables également pour des tissus ne s'effilochant pas : laine bouillie, polaire... qui n'ont pas besoin d'être ourlés ni surfilés.
Il n'y a pas de plan de coupe pour les chaussons en cuir car il n'y a pas de droit fil et vous pouvez couper les pièces dans des petits morceaux.

Coupe (patrons pages 94 à 96)

> Pièce A (semelle) à découper 2 fois,
> Pièce B (partie avant) à découper 2 fois,
> Pièce C (partie arrière) à découper 2 fois, avec un empiècement supplémentaire (voir schéma),
> Pièce D (pièce décorative) à découper 2 fois. D'autres idées de pièces décoratives proposées page 91.

Comment faire ?

1 Pour coudre le cuir, utiliser une aiguille spéciale et un point droit long ; le cuir cousu à petits points trop rapprochés se déchire plus vite.

2 Couper les différentes pièces du patron. Ajouter 0,5 cm de marge de couture tout autour de la semelle (pièce A), sur la partie arrondie du dessus du chausson (pièce B).

3 A l'aide du patron de la pièce C, faire un gabarit pour un empiècement de 1,5 cm selon le schéma ci-dessous pour passer l'élastique qui maintient

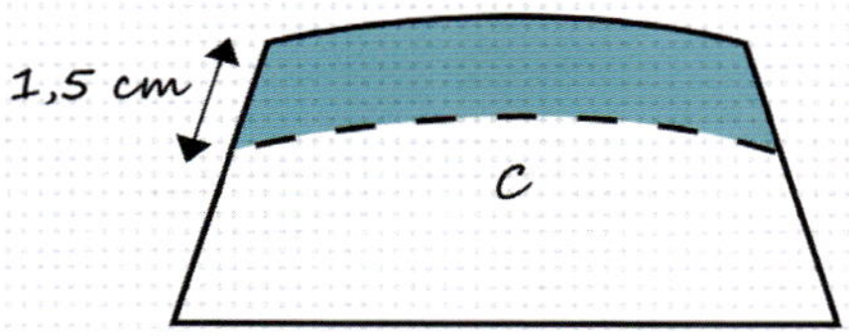

la cheville quand le chausson sera assemblé. Piquer cet empiècement sur la partie C à quelques millimètres du bord, et uniquement le longs des grands bords pour pouvoir passer l'élastique. Veiller à bien sécuriser les débuts et fins de couture avec des allers/retours.

4 Faire deux petites entailles de 1 cm aux endroits prévus sur le dessus du chausson (pièce B), à l'aide d'un petit ciseau pointu ou d'un « découd-vite ». Coudre une pièce décorative (pièce D) au point droit pour cacher ces entailles.

5 Assembler et piquer, endroit contre endroit, le dessus du chausson (pièce B) avec le devant de la semelle (pièce A), en alignant les crans.
Attention : pour la semelle, l'endroit est l'envers du cuir, ça glisse moins !

6 Assembler endroit contre endroit la partie arrière (pièce C) avec l'arrière de la semelle (pièce A), en alignant les pois. Vous allez chevaucher la partie déjà assemblée du dessus du chausson, c'est normal.

7 Passer l'élastique de la longueur qui convient à la cheville de votre enfant dans le tunnel de la pièce C, puis faites-le passer par les entailles du dessus du chausson (pièce B). Coudre l'élastique en rond ou faire un nœud solide. Retourner le chausson.

Chaussons en tissu

Coupe (patrons pages 94 à 96)

> Pièce A (semelle) à découper 2 fois,
> Pièce B (dessus du chausson) à découper 2 fois,
> Pièce C (partie arrière) à découper 2 fois,
> Pièce D (pièce décorative) à découper 2 fois.
D'autres pièces décoratives vous sont proposées page 91.

Comment faire ?

1 Recopier les différentes pièces du patron et ajouter 1 cm de marge de couture partout sauf : 2 cm sur la partie rectiligne de la pièce B, 2 cm sur la pièce C, selon le schéma ci-contre, pas de marge de couture sur la pièce D qui est un appliqué.

2 Surfiler les pièces A, B et C.

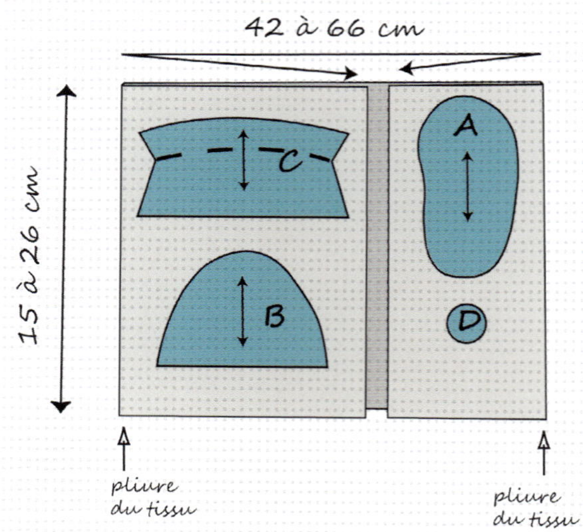

Pièce C pour chausson en tissu

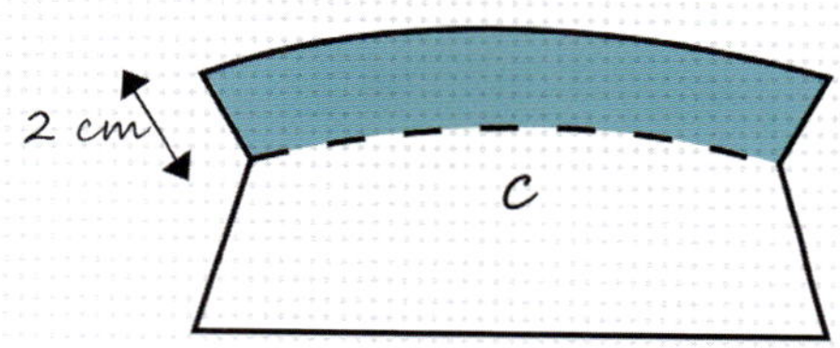

3 Marquer au fer à repasser le rentré de 2 cm prévu sur le dessus du chausson (pièce B) sur l'envers et le piquer au point droit ou avec un point de broderie décorative. Broder deux boutonnières de 1 cm à l'endroit indiqué sur le patron. On peut aussi broder les boutonnières sur le rentré de couture.

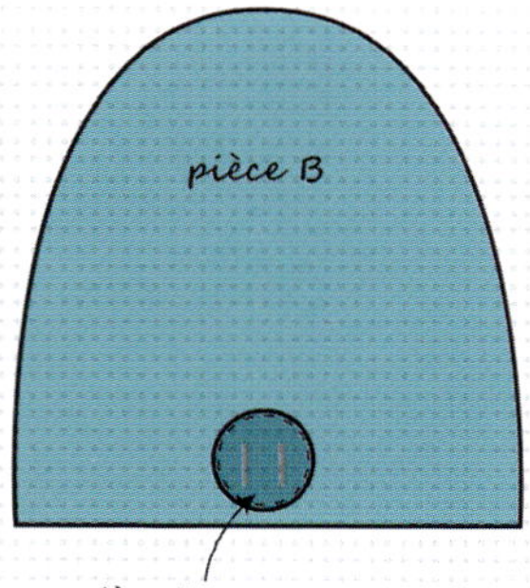

4 Appliquer la pièce décorative D qui sert à cacher ces boutonnières avec un point zigzag étroit. Ce n'est pas utile si elles ont été faites sur le rentré de couture.

5 Assembler, endroit contre endroit, le dessus du chausson (pièce B) avec le devant de la semelle (pièce A), en alignant les crans. Bâtir et piquer.

6 Marquer au fer à repasser le double rentré de 1 cm sur la pièce C (pointillés) et le piquer. Il servira à passer l'élastique quand le chausson sera assemblé.

7 Assembler endroit contre endroit la partie arrière (pièce C) avec l'arrière de la semelle (pièce A), en alignant les pois. Vous allez chevaucher la partie déjà assemblée du dessus du chausson, c'est normal.

8 Passer l'élastique de la longueur qui convient à la cheville de votre enfant dans l'ourlet de la pièce C, puis faites-le passer par les boutonnières du dessus du chausson (pièce B). Coudre l'élastique en rond ou faire un nœud solide.
Retourner le chausson.

VARIANTES

On peut aussi utiliser de l'élastique rond et des arrêts de cordons à la place de l'élastique plat et des boutonnières (ou entailles sur le cuir). Ils permettent de régler facilement le serrage des chaussons.

Comment faire ?

> Pour les chaussons en tissu :
poser des œillets à la place des boutonnières, passer l'élastique rond de la même façon que l'élastique plat, en intercalant un arrêt de cordon entre les deux œillets.

> Pour les chaussons en cuir :
couper un empiècement de 1,5 cm de large à coudre sur la partie rectiligne du dessus du chausson (pièce B) avant de l'assembler à la semelle, et au lieu de faire deux entailles, faire deux trous à travers les deux épaisseurs de cuir avec une pince emporte-pièce. Passer l'élastique rond de la même façon que l'élastique plat, en intercalant un arrêt de cordon entre les deux trous.

Doudou étiquettes

Inutile de dépenser des fortunes pour des jouets hyper perfectionnés : tout le monde sait qu'un bébé s'intéresse surtout aux emballages de cadeaux, au bolduc, ou à l'étiquette d'une peluche…

Ce doudou étiquettes, très facile à réaliser, l'éveillera aux différentes couleurs, textures et matières. Laissez libre cours à votre imagination en remplaçant par exemple quelques étiquettes par des rubans de couleurs et matières différentes (pas trop longues pour la sécurité de votre bébé).

Fournitures

- > 2 carrés (20 à 25 cm de coté) de tissu doux et facile d'entretien : flanelle, jersey velours bio, etc.
- > des rubans, galons, chutes de coton, étiquettes unies et imprimées : faites attention à ce que tous soient lavables en machine ; vous pouvez laver à l'eau tiède pour vérifier si aucun tissu ne déteint ou ne se déforme. Essayer de récupérer, recycler au maximum ! Mais n'oubliez pas que ces matières finiront dans la bouche de votre bébé, sucées, mâchouillées intensivement !

Coupe

Patron à réaliser soi-même :
> un carré de 20 à 25 cm de coté
> une dizaine voire une quinzaine d'étiquettes et/ou de rubans

Comment faire ?

1 Découper les deux carrés de tissu en ajoutant 1 cm de marge de couture. Préparer les morceaux qui vont servir d'étiquettes : les rubans peuvent être mis en boucle par exemple. Vous pouvez également, dans les tissus en coton, confectionner de petits rectangles de tissu recto/verso. Faire varier les matières et les longueurs (de 1 à 5 cm), mais aussi les largeurs.

2 Sur l'endroit d'un des deux carrés, fixer les différentes étiquettes avec des épingles en les faisant suffisamment déborder dans la marge de couture. Les coudre au point droit : ne pas hésiter à faire un aller-retour pour bien fixer les étiquettes au carré doudou : il ne faut pas que l'enfant puisse les arracher.

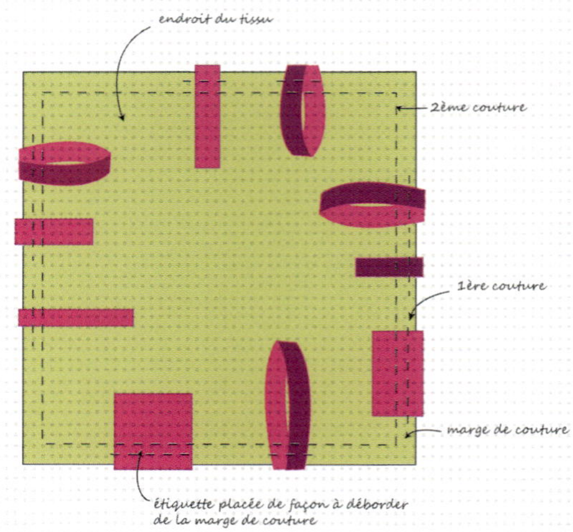

3 Une fois toutes les étiquettes fixées, positionner l'autre carré sur celui où sont cousues les étiquettes, endroit contre endroit. Bâtir puis coudre au point droit en laissant une ouverture de 5 à 8 cm au milieu d'un des cotés pour pouvoir retourner facilement le doudou sur l'endroit.

4 Retourner le doudou sur l'endroit et surpiquer tout le tour en fermant l'ouverture.

Doudou coccinelle

Si vous avez envie d'un doudou plus stylisé, aux couleurs vives et très doux, voici le doudou coccinelle qui vous permet d'utiliser vos chutes de laine, tissu, ou autres fibres pour garnir le dos en relief de la petite bête. Certains bébés auront sans doute une irrésistible envie de s'en servir d'oreiller !

Fournitures

> 25 cm x 25 cm de jersey velours rouge pour la pièce 2 à découper 2 fois (marge de couture de 1 cm représentée sur le patron)
> des chutes de jersey velours noir pour les pièces 3, 4 et 5
> 50 cm x 50 cm de jersey velours vert : pièce 1 (ajouter 1 cm de marge de couture tout autour)
> du fil noir pour les appliqués et les broderies
> du thermocollant double face pour les appliqués
> des chutes de laine, de tissu ou de la ouate

Coupe (patron sur la planche n° 2a)

> Pièce 1 (feuille) à découper 2 fois
> Pièce 2 (corps de la coccinelle) à découper 2 fois
> Pièce 3 (queue) à découper 1 fois
> Pièce 4 (tête) à découper 1 fois
> Pièce 5 (points) à découper 7 fois

Comment faire ?

1 Décalquer les pièces du patron et les découper dans les tissus.

2 Appliquer (voir encadré sur la technique pour les appliqués) les ronds noirs (pièces 5) sur le velours rouge (pièces 2) avec un point zigzag étroit (faites des essais au préalable sur des chutes), selon la disposition qui vous convient.

3 Assembler ensuite les deux pièces 2 ensemble (dos de la coccinelle) endroit contre endroit, ouvrir la couture au fer. Faire un zigzag étroit sur cette couture, sur l'endroit.

4 Sur une des pièces 1, dessiner un rond de 9 cm de diamètre sur l'endroit du tissu, puis appliquer le corps de la coccinelle envers contre endroit du tissu de la feuille, le rond dessiné vous servant de repère. Placer la queue de la coccinelle (pièce 3) de façon à la coudre en même temps que le corps. Bien épingler et piquer avec un zigzag étroit, en laissant une ouverture à l'emplacement de la tête de la coccinelle, assez grande pour la garnir.

5 Par l'ouverture laissée, bourrer le corps de la coccinelle avec de la ouate, des chutes de tissu ou de laine, etc.

6 Finir l'appliqué en insérant la tête de la coccinelle (pièce 4). Finir le pourtour de la tête et de la queue.

7 Broder les pattes et les antennes, toujours avec un zigzag étroit, sur 2 cm de long environ.

8 Assembler l'autre épaisseur de la pièce 1 (feuille) avec celle sur laquelle vous avez cousu la coccinelle, endroit contre endroit, en laissant une ouverture assez grande pour pouvoir ensuite retourner le tout.

9 Retourner et faire une surpiqûre au point droit ou avec un point décoratif sur tout le pourtour de la feuille, en fermant à cette occasion l'ouverture qui a servi à retourner l'ensemble.

Les appliqués

Il est plus facile de broder les pourtours des petites pièces à appliquer en utilisant un tissu thermocollant spécial qui est très fin, double face, vendu pris en « sandwich » entre deux feuilles de papier.
Décalquer les motifs à appliquer (points, tête et queue de la coccinelle) sur un côté du papier du thermocollant double face. Enlever l'autre papier de protection du thermocollant et coller au fer sur l'envers du tissu, en passant le fer sur le papier.
Découper les pièces encollées au bord des contours. Avant de broder le contour de chaque pièce, enlever l'autre feuille de protection du double face et coller la pièce au fer à son emplacement, envers contre endroit. Les pièces sont ainsi fixées et ne bougent pas lors de la broderie du contour.
Il convient de broder les appliqués avec un zigzag étroit (longueur de point de 0,5 environ), et idéalement avec un pied de biche spécial applications. Cette broderie doit se faire à cheval sur le bord du tissu.

Chaise en tissu

Quel casse-tête de donner à manger à un bébé dès qu'on est hors de la maison, sans chaise haute adaptée…
On se retrouve fréquemment avec un bébé assis sur nos genoux, et cette installation n'est pas des plus pratiques ! Alors pour vos sorties en famille, au restaurant, vous pouvez réaliser cette chaise en tissu astucieuse, légère, peu encombrante et pratique qui se glisse sur le dossier de la plupart des chaises traditionnelles.

Ainsi installé, face à vous, et maintenu même s'il ne tient pas encore assis tout seul, il sera plus facile de donner à manger à votre bébé.
Vous aurez peut-être à ajuster en hauteur la chaise en tissu en fonction de vos besoins, certaines chaises ayant des dossiers très hauts.

Fournitures

> 80 cm de tissu assez épais (type ameublement) en 150 de large

> 130 cm de biais préplié

> 100 cm de cordon élastique

> 2 arrêts de cordon

> 60 cm de tissu assorti pour doubler la partie B à C si le tissu choisi pour la chaise n'est pas imprimé des 2 côtés.

Coupe (patron à réaliser soi-même)

> Pièce 1 (chaise) à découper 1 fois sur le pli du tissu
> Pièce 2 (ceinture) à découper 1 fois

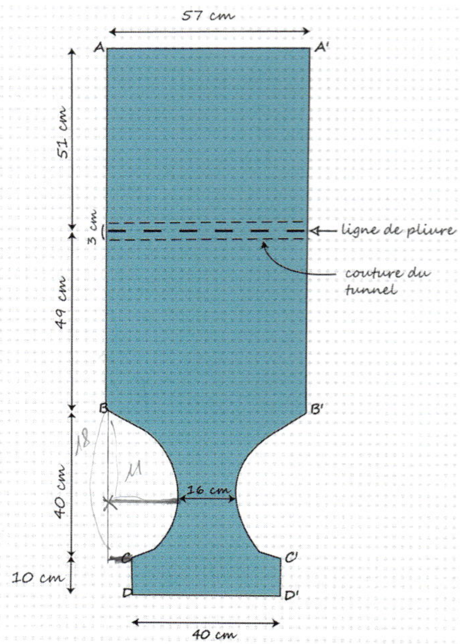

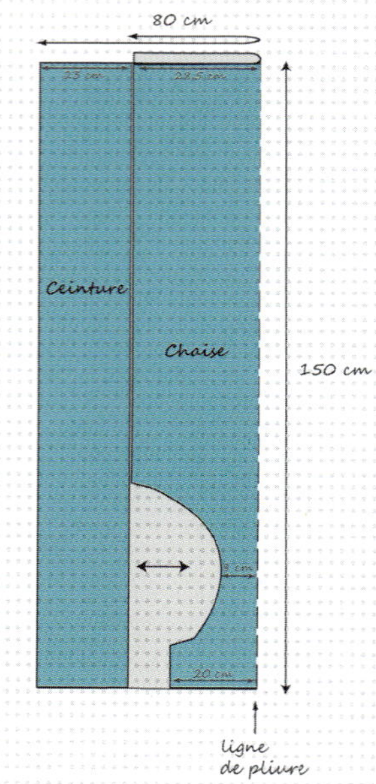

Voici une façon d'optimiser un coupon de tissu de 80 cm par 150 cm, en pliant le coupon dans la largeur pour dessiner la chaise sur le pli et la ceinture sur le tissu non plié (les marges de couture sont comprises).

Comment faire ?

1 Couper les pièces selon le patron et le plan de coupe indiqués.

2 Si le tissu choisi nécessite d'être doublé sur la partie B à D, couper le tissu de doublure selon le patron de cette partie en ajoutant une marge de couture au niveau de la ligne B-B'. Faire un rentré sur cette marge et assembler la doublure au tissu par une surpiqûre, envers contre envers. Bâtir le reste de la doublure (de B à D, D à D', D'à B').

3 Poser le biais sur la partie arrondie de la chaise (de B à C et de B'à C').

4 Surfiler toute la partie haute de la chaise (B' à A', A' à A, A à B). Faire un rentré de 1 cm sur le bord supérieur de la chaise (A à A') et piquer l'ourlet. Plier cette partie supérieure en deux (A sur B, A' sur B'), endroit contre endroit, et marquer la pliure au fer. Piquer les côtés perpendiculaires à la ligne de pliure, en commençant 1,5 cm en dessous de celle-ci.

5 Retourner la partie que vous venez de coudre et faire une surpiqûre parallèle à la ligne de pliure, à 1,5 cm de celle-ci. Faire passer dans ce tunnel un cordon élastique à l'aide d'une épingle à nourrice. Enfiler un arrêt de cordon de chaque côté et faire un nœud à chaque extrémité.

6 Prendre la bande de tissu de 23 cm sur 150 cm pour la ceinture. Marquer son milieu ainsi que le milieu de la ligne D-D'. Plier la bande en deux, dans le sens de la longueur, endroit contre endroit, repasser le pli, coudre la bande sur tout le tour, en laissant une ouverture de 45 cm (de part et d'autre du repère du milieu), dans laquelle on viendra ensuite glisser la partie définie par C, D, D' et C'.

7 Dégarnir les angles, retourner la bande, la repasser en marquant le rentré dans la partie laissée ouverte. Glisser la partie C-D dans l'ouverture de la ceinture en alignant les repères de milieu et en mettant la ligne D-D' jusqu'à la pliure de la ceinture.

8 Bien épingler toutes les épaisseurs le long de la ligne C-C'. Faire une surpiqûre avec un point droit ou un point décoratif sur tout le tour de la ceinture.

Pour l'utiliser, installer la chaise en tissu sur le dossier de la chaise et l'ajuster en largeur avec les arrêts de cordon ; puis installer votre enfant et le maintenir au moyen de la ceinture que vous nouerez dans le dos de la chaise.

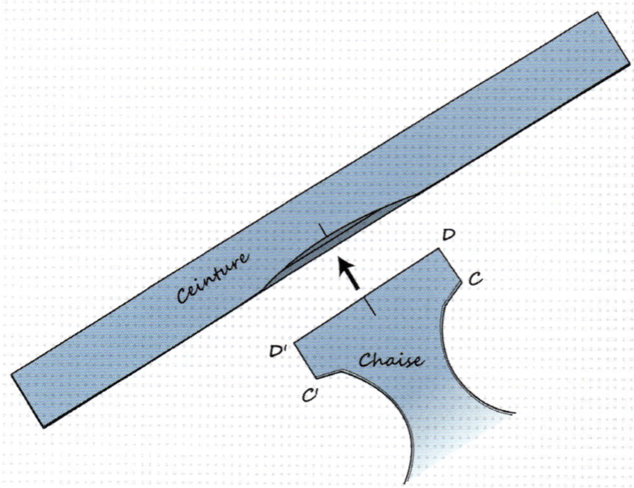

Sac à langer et son « crazy » tapis de change

Pour emmener votre petit avec vous, vous avez besoin d'un sac pour transporter couches et nécessaire de change, doudou, vêtements de rechange...
Nous vous proposons ce sac à porter en bandoulière ou sur l'épaule, dont la fermeture n'est autre que le tapis de change pour bébé. C'est l'occasion de vous mettre au patchwork et même au « crazypatch » pour personnaliser ce sac et utiliser vos chutes de tissu favorites !

Le sac

Fournitures

> du tissu pour l'extérieur du sac et la lanière : 60 x 150 cm de jean, cotonnade épaisse, velours côtelé, toile d'ameublement ou autre (attention si le tissu choisi est moins large, il vous en faut 110 cm)

> du tissu pour l'intérieur du sac et la lanière : 60 x 150 cm de tissu de votre choix : cotonnade unie par exemple (attention si le tissu choisi est moins large, il vous en faut 110 cm)

> du tissu pour l'épaisseur cachée : 50 x 150 cm de toile assez épaisse de récupération par exemple (attention si le tissu choisi est moins large, il vous en faut 100 cm)

> du tissu pour confectionner les poches intérieures du sac : 60 x 125 cm de tissu : cotonnade imprimée par exemple

> de l'élastique de 5 mm de large pour les poches : 30 cm pour la poche A et 60 cm pour la B

> 4 jolis boutons

Pour le choix des tissus, préférer ceux qui se lavent facilement, pour pouvoir nettoyer le sac sans souci. Choisir des tissus solides et assez épais pour l'extérieur et l'épaisseur cachée du sac.

Coupe

Reporter le patron du sac et le patron des poches intérieures sur du papier à l'aide des schémas.

> Pièce 1 (sac) : couper 2 fois sur la pliure dans le tissu extérieur, 2 fois sur la pliure dans le tissu caché, 2 fois sur la pliure dans le tissu intérieur.

> Pièces 2 et 3 (poches A et B) : couper 1 fois dans le tissu (sauf si le tissu choisi est très fin, penser à le doubler).

> Pièce 4 (lanière) : 8 cm x 100 à 130 cm : couper 2 fois dans le tissu extérieur (ou 1 fois dans le tissu intérieur et 1 autre fois dans le tissu extérieur).

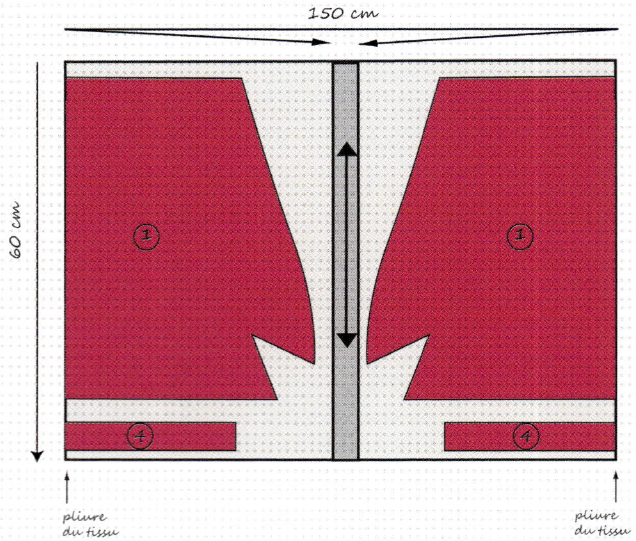

Ci-dessous les marges de couture à ajouter pour chaque pièce 1. Pour les autres pièces, les marges sont comprises.

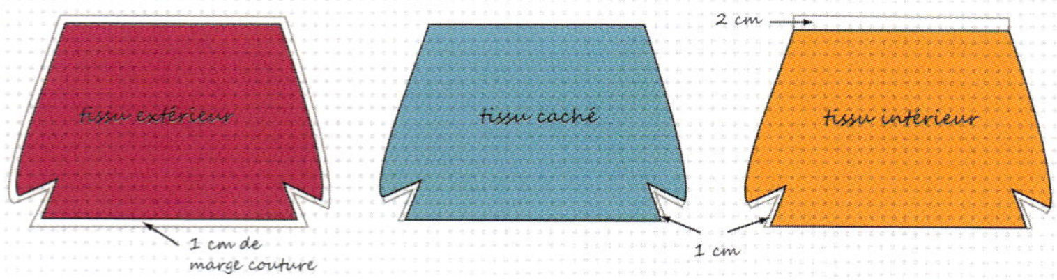

Comment faire ?

1 Piquer les pinces du tissu extérieur du sac, endroit contre endroit. Assembler endroit contre endroit chaque face du sac, bâtir et piquer les côtés et le fond du sac à 1 cm du bord. Marquer au fer un rentré d'1 cm sur le bord supérieur du sac, envers contre envers. Vous obtenez la partie extérieure du sac.

2 Préparer les poches intérieures : dans le tissu choisi, tracer et découper les poches puis les surfiler. Si le tissu choisi est fin, penser à le doubler.

3 Marquer le double rentré d'1 cm au fer à repasser pour le haut élastiqué des poches A et B.
Piquer au point droit tout le long à 0,75 cm du bord puis insérer l'élastique au moyen d'une épingle à nourrice et le fixer à chaque extrémité du tunnel avec plusieurs allers-retours.

Patron de base du sac à langer

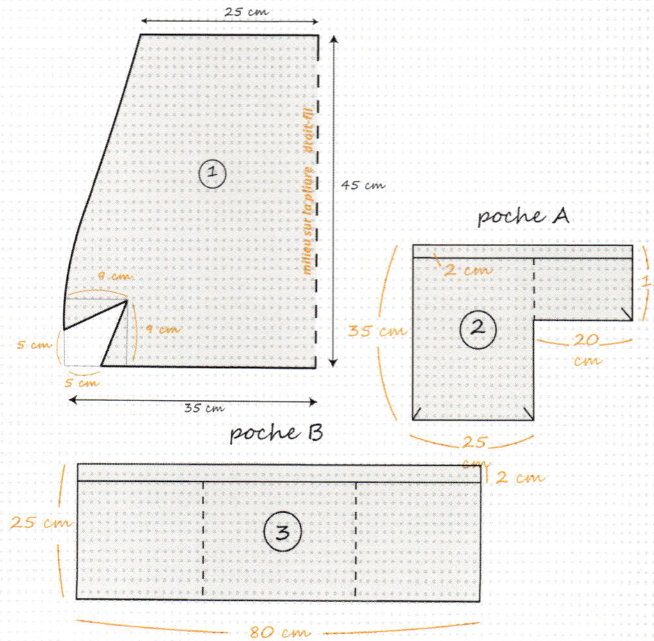

4 Marquer au fer les rentrés des autres bords des poches vers l'envers du tissu. Passer un fil de fronces dans le bas des poches : piquer avec le point le plus long proposé par votre machine, puis tirer de chaque côté ce fil pour froncer le bas des poches aux mêmes dimensions que le haut. De petits plis plats ou des pinces dans le bas des poches peuvent également convenir.

5 Poser une épaisseur du tissu intérieur sur une épaisseur cachée, envers contre envers, et bâtir tout le tour (l'épaisseur du tissu intérieur dépasse de 2 cm dans le haut). Centrer dessus la poche A, juste au-dessus du niveau des pinces et l'épingler.

6 Bâtir de la même façon l'autre épaisseur de tissu intérieur sur l'autre épaisseur cachée et y positionner la poche B, toujours au-dessus du niveau des pinces, avec les bords extérieurs alignés sur les bords bâtis du sac.

7 Épingler et surpiquer au point droit le contour de chaque poche (sauf au niveau des élastiques), ainsi que les séparations intérieures (symbolisées par des pointillés sur le schéma). Ces coutures doivent être solides car les poches vont être soumises à rude épreuve quand vous allez y glisser les couches, la lotion, etc. Utiliser, si la machine le permet, un point droit triple, sinon faire plusieurs coutures successives.

8 Une fois les poches cousues, coudre les pinces des pièces du tissu caché et du tissu intérieur ensemble, endroit contre endroit. Assembler ensuite les deux côtés du sac endroit contre endroit : bâtir et piquer les cotés et le fond du sac à 0,5 cm du bord. Marquez au fer le double rentré d'1 cm en haut de l'intérieur du sac, vers l'envers. Vous obtenez la partie intérieure du sac à langer.

9 Monter le sac : introduire la partie intérieure du sac dans la partie extérieure, aligner les coutures latérales et bâtir ensemble les bords supérieurs assemblés comme indiqué sur le schéma :

10 Surpiquer toutes les épaisseurs ensemble.

11 Confectionner la lanière du sac : découper une bande de 8 cm de large et de 100 à 130 cm de long dans chaque tissu (ajuster la longueur en fonction de votre taille et de la façon dont vous préférez porter le sac : en bandoulière, à la main ou sur l'épaule). Assembler et bâtir ou épingler les bandes endroit contre endroit. Piquer à 1 cm le long des grands bords. Retourner la bande sur l'endroit et repasser.

Assemblage des différentes épaisseurs du sac

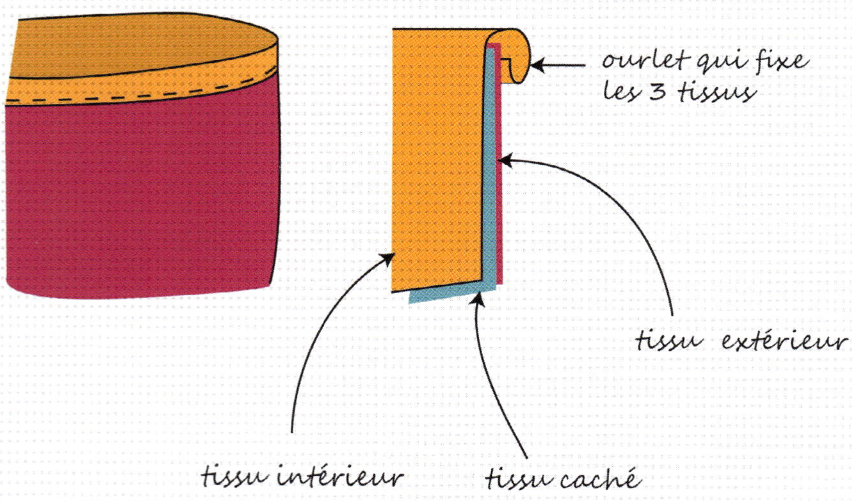

Faire un rentré d'1 cm à l'intérieur de la bande à chaque extrémité et le piquer à quelques millimètres du bord. Ne pas hésiter à refaire une couture centrale pour consolider la bande (par exemple avec un point plus décoratif).

12 Fixer la lanière sur le sac à langer. Aligner le milieu de la bande sur les coutures latérales du sac, à l'intérieur ou à l'extérieur du sac, comme vous préférez. Il faut qu'une dizaine de centimètres de la bande soit fixée au sac. Avec un point droit ou décoratif solide, piquer chaque extrémité de la bande au sac en dessinant un rectangle et une croix à l'intérieur pour encore plus de solidité.

Tapis à langer

Il se place sur l'extérieur du sac pour le fermer. Les tissus doivent être facilement lavables en machine, du fait de l'utilisation que l'on va en faire. Penser à prélaver aussi les chutes de tissu qui vont servir au patchwork avant de réaliser ce tapis de change.

Fournitures

- **du velours, de la flanelle ou tout autre tissu doux sur lequel on posera bébé pour le changer (dit tissu A) : 37 cm x 62 cm**
- **de la toile de coton fine (il s'agit d'une épaisseur cachée qui va être le tissu de fond du patchwork (dit tissu B) : 37 cm x 62 cm**
- **des chutes de tissu en nombre suffisant pour recouvrir le coupon de toile, dans des coloris et des imprimés assortis**
- **2 m de biais coton large pré plié (3 ou 4 cm de large)**
- **de la ouatine ou du molleton pour rendre le tapis confortable : 35 cm x 60 cm**
- **une épaisseur imperméable (facultatif): 37 x 62 cm**
- **de l'élastique rond**

Coupe

Patron à réaliser soi-même
Dessiner et découper un rectangle de 35 cm sur 60 cm et découper chaque épaisseur dans chaque matière en ajoutant 1 cm de marge de couture partout (sauf sur le rectangle de ouatine). Prendre le rectangle de toile de coton. Il va servir de base pour assembler les chutes de tissu diverses selon la méthode du « crazy patchwork ».

Le « crazy patch »
ou l'art d'accommoder les chutes de tissu !

Cette technique permet d'assembler des chutes de tissus de différentes tailles et formes. Une fois assemblés, ils trouvent une seconde vie et le tissu qu'ils forment peut être utilisé aussi bien pour l'habillement que pour la décoration : housses de coussin, de couette, sacs, pochettes, robes, chapeaux... tout est possible !

Nous vous proposons une façon d'assembler les différentes chutes de tissu, mais il en existe bien d'autres. Choisissez vos tissus en fonction de l'objet que vous allez créer : allez-vous le laver souvent par exemple ? Si oui les tissus doivent pouvoir passer en machine et les coutures devront être résistantes.

1 Recherchez les bonnes associations de couleurs et d'imprimés. Le « crazy patch » commence avec la sélection des chutes de tissu que vous allez utiliser. Il faut ensuite préparer un tissu de fond qui va servir au montage. Choisir une toile ordinaire, voire de récupération : cette toile sera entièrement recouverte. Elle doit être plus grande d'au moins une valeur de couture que le projet final : ceci permet d'être sûr que tout le projet sera bien couvert de chutes de tissu !

2 Placer un premier morceau de tissu au centre de la toile de fond et l'épingler. Choisir un deuxième morceau de tissu ; le placer endroit contre endroit avec le premier morceau et maintenir par une épingle : coudre au point droit à 0,5 cm des bords bien alignés des deux pièces de tissu que vous êtes en train d'assembler. Attention : à chaque couture, la toile de coton qui sert de base est cousue avec les différentes pièces de tissu. Ouvrir la couture au fer à repasser.

Etape 1

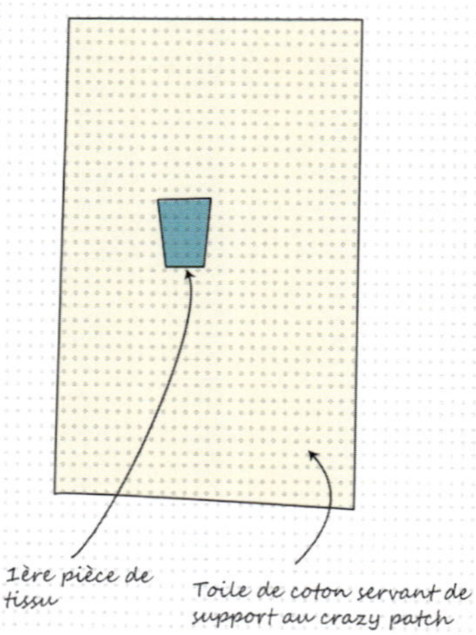

Etape 2

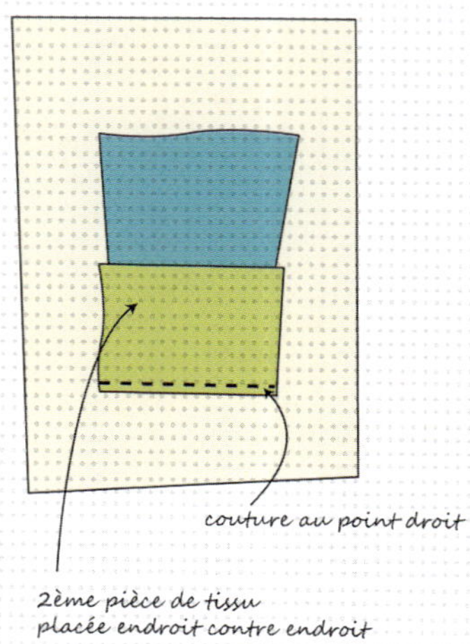

Etape 3

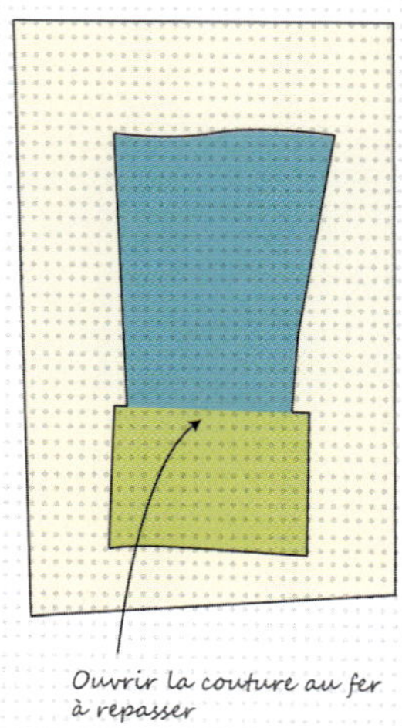

3 Quand l'assemblage des chutes de tissu est fini, on peut broder l'ensemble (à la main ou à la machine) avec des points fantaisie : cela embellit la composition et consolide les coutures.

4 Enfin on embellit habituellement le « crazy patch » de perles, paillettes, rubans, etc. Ici, vous pouvez à votre guise embellir l'ensemble en gardant à l'esprit que le tissu devra pouvoir se laver facilement ne pas gêner l'enfant lorsque vous le poserez sur le coté opposé pour le changer.

5 Une fois le « crazy patch » terminé, assembler les trois épaisseurs en plaçant le molleton entre le tissu A et le « crazy ». Arrondir les angles si on le souhaite (cela permet une pose plus aisée du biais) et bâtir les trois épaisseurs pour qu'elles ne bougent pas au moment de la pose du biais. On peut les assembler à la machine avec un fil transparent par exemple. Si vous souhaitez ajouter une épaisseur imperméable, positionnez-la entre le molleton et le tissu A.

6 Border de biais tout le tour du tapis de change.

7 Plier le tapis en deux et le poser sur le sac afin de marquer l'endroit où vous allez coudre les boutons. Prévoyez l'aisance nécessaire pour pouvoir fermer le sac quand il sera rempli et donc plus volumineux. Coudre les boutons sur le sac. Préparer les brides avec l'élastique rond et les coudre solidement aux quatre coins du tapis de change, sur le côté « crazy » ou sur l'autre, comme vous préférez. Vous pouvez cacher la couture qui a servi à les fixer sous un petit appliqué.

Et ainsi de suite avec chaque nouvelle pièce de tissu jusqu'à ce que la toile de coton servant de support soit complètement recouverte et disparaisse.

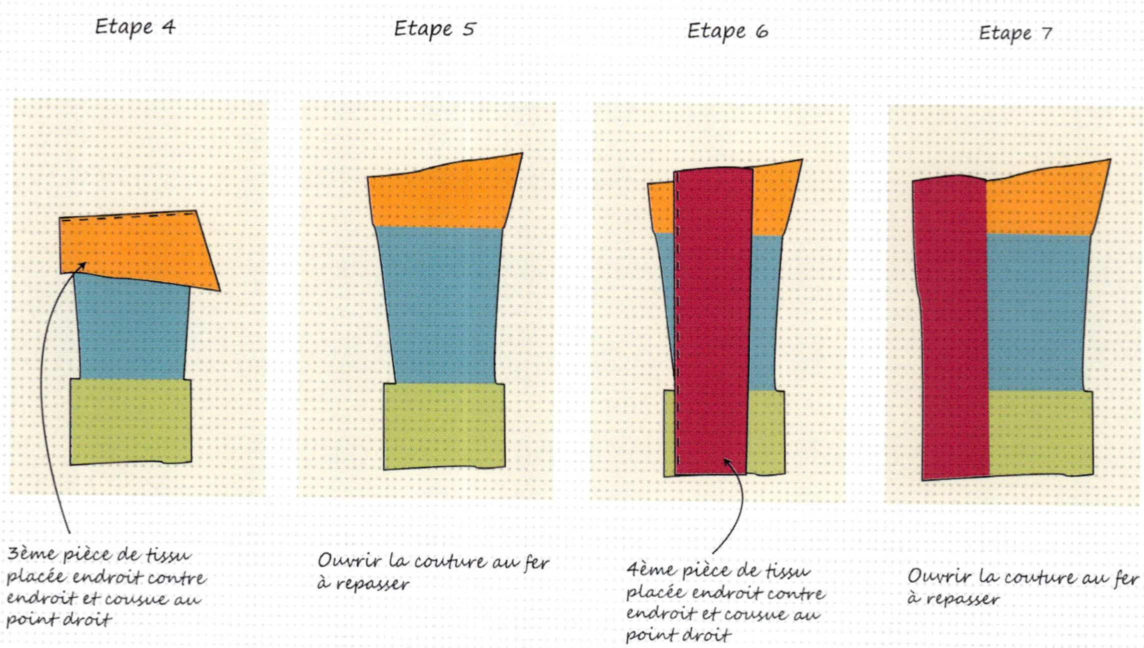

Annexes

- Les termes de couture
- Des tissus sains et naturels
- Les matières
- La couture des couches lavables
- La couture des tissus extensibles
- Carnet d'adresses écolo

Les termes de couture

Voici un descriptif des termes les plus souvent rencontrés dans les explications des modèles à réaliser. Nous n'avons pas la prétention d'entrer dans des détails très techniques, si vous n'avez jamais cousu et que ce livre vous donne envie de vous lancer dans l'aventure, offrez-vous un abc de la couture pour connaître les bases essentielles.

Bâtir ou faufiler : assembler deux épaisseurs (à la main ou à la machine) avec des grands points avant la couture définitive. A la main, on utilise un fil appelé « fil à bâtir » qui se défait facilement, car le fil de bâti est enlevé une fois la couture définitive réalisée. Cette étape est importante pour bien assembler les deux épaisseurs bord à bord.

Cranter : faire de petites incisions avec la pointe du ciseau sur le surplus de couture. Cette opération est indispensable dans les parties arrondies pour un joli rendu.

Lisière : bord fini du tissu. Lorsque vous achetez du tissu au mètre, il y a une lisière de chaque côté de la largeur du tissu.

Ouvrir ou aplatir les coutures au fer : repasser une couture sur l'envers du tissu, en écartant chaque surplus de couture de part et d'autre de la couture.

Réduire les coutures : recouper un surplus de couture à quelques millimètres de la couture afin d'éviter les surépaisseurs.

Surfiler : coudre à la machine, généralement avec un point zigzag (certaines machines proposent plus de points pour cette opération) le bord d'une étoffe pour éviter qu'elle ne s'effiloche.

Surjeteuse : machine permettant de finir les bords, mais aussi de coudre et surjeter en une même opération certains tissus. Elle est particulièrement appréciée pour le travail des matières extensibles qui ne sont pas toujours faciles à travailler avec une simple machine à coudre.

Surpiquer : piquer sur l'endroit du tissu.

Des tissus sains et naturels

Éponge : tissu composé de fibres de coton ou de bambou qui sont tissées en formant des bouclettes sur les deux faces du tissu. On connaît bien ce tissu dans lequel est fabriqué le linge de toilette. Il est très absorbant et se prête donc bien à la confection des couches lavables.

Flanelle : tissu en coton, gratté sur une ou deux faces, ce qui le rend très doux. Ce tissu se prête à de multiples usages dans la confection pour enfants : pyjamas, doublures de manteaux ou de pantalons, chemises... Il est bien adapté également pour la réalisation des couches lavables en raison de sa douceur.

Jersey : c'est le tissu des tee-shirts. Ce tissu à mailles a une face endroit (jersey endroit) et une face envers (jersey envers). Il peut être tout en coton, avec parfois un peu d'élasthanne pour le rendre encore plus extensible. Selon les qualités, il est plus ou moins fin et plus ou moins extensible. Si les deux faces sont en jersey endroit, on parle d'**interlock** ou de **jersey double**, qui est plus épais, qui se déforme moins, et dont les bords, contrairement au jersey simple, ne « roulottent » pas.

Jersey velours : c'est un jersey épais dont une face est veloutée, duveteuse et très douce, et qui le reste au fil des lavages. C'est le tissu des pyjamas pour bébé. Il se prête bien à la plupart des projets présentés dans ce livre : doudous, couches lavables, pantalon, « combi-nomade », tapis de change... Le jersey velours en coton est le plus souvent composé de 80 % de coton et de 20 % de polyester.

Jiffy grip : tissu avec des picots antidérapants, que l'on utilise sous les pieds des pyjamas de bébé ou ici pour la semelle des chaussons.

Microéponge : une face est en jersey et l'autre en bouclettes bien plus petites que l'éponge classique. Contrairement à l'éponge de bain, la microéponge est un tissu extensible. On la trouve en coton ou en bambou.

Microfibre : il s'agit d'une fibre polyester extrêmement fine, tissée ou tricotée de façon très dense, lui conférant des propriétés imperméables ou filtrantes. Elle est fréquemment utilisée pour la confection des couches lavables, son avantage est de sécher très vite.

Molleton : c'est le tissu des sweat-shirts ! La face endroit du tissu est un jersey épais, la face envers est soit brossée (ce qui lui confère douceur et chaleur) soit composée de boucles plates, on l'appelle alors « **french terry** ». Le premier est alors plus adapté aux vêtements d'hiver et le second pour la demi-saison. Tous deux peuvent être utilisés pour la réalisation des couches lavables, le molleton est alors utilisé sur sa face envers, plus douce. Ce tissu est généralement composé de 80 % de coton et de 20 % de polyester.

Polaire : molleton de polyester composé de fibres issues du recyclage. Certains polaires sont maintenant fabriqués avec un pourcentage de fibres de bambou (sur Internet). Selon les qualités, une ou les deux faces sont brossées, et il est plus ou moins épais. Le micropolaire est plus fin, il est souvent utilisé dans les couches lavables pour l'épaisseur au contact des fesses du bébé pour son effet « bébé au sec ». Il existe également du polaire imperméable (Windpro®, Windblock®) mais respirant, adapté à la confection des couches lavables.

PUL : ou polyuréthanne laminé. C'est un enduit synthétique assez souple et relativement respirant. C'est le tissu le plus couramment utilisé pour les culottes de protection portées par-dessus les couches lavables ou comme enveloppe des TE1. On trouve désormais toutes sortes de tissus avec cette enduction dans

les boutiques spécialisées sur Internet : polyester, coton, lycra, micropolaire...

Sherpa : c'est une maille composée de 80 % de coton et de 20 % de polyester, dont une face (l'endroit) est brossée et a l'aspect « moutonneux ». Il convient pour les mêmes utilisations que le jersey velours ou le molleton.

Suédine : microfibre synthétique utilisée dans les couches lavable pour son effet « bébé au sec ».

Les matières

Le coton : il s'agit de la fibre composant la majorité des tissus. Il peut être cultivé biologiquement ou pas, blanchi au chlore ou non... Le coton qui entre dans la composition des tissus en chanvre est très souvent d'origine biologique.
Les tissus en coton bio ne sont pas mélangés avec du polyester, contrairement aux jerseys, jerseys velours ou molletons non bio.

Le chanvre : c'est une matière naturelle issue d'une plante qui pousse vite, donc écologique : elle est tellement prolifique qu'elle n'a pas besoin d'engrais ni de pesticides pour se développer.
Le chanvre est très largement utilisé pour la confection des couches lavables en raison de sa forte capacité d'absorption. L'inconvénient de cet avantage est qu'il est long à sécher. De plus, il a tendance à raidir au fil des lavages.

Le bambou : comme le chanvre, cette fibre est très absorbante, et donc très longue à sécher, mais les tissus en bambou sont extrêmement doux et soyeux, et le restent au fil des lavages. Voilà encore des avantages qui rendent son utilisation fréquente pour les couches lavables, et très appréciée pour toutes réalisations pour un bébé.Les tissus fabriqués à partir de la cellulose de bambou ne sont pas biologiques, mais ils auraient des propriétés antibactériennes.

Les matières synthétiques : elles sont très répandues de nos jours en confection, et très largement utilisées dans les couches lavables du commerce.
Certaines matières synthétiques sont hydrophobes (polaire, suédine) et les fesses du bébé restent au sec. D'autres ont de grandes qualités d'absorption (microfibre), et d'autres ne laissent pas passer l'humidité (polaire Windpro, PUL) et sont donc imperméables.
Pour finir, la plupart sont faciles d'entretien et sèchent rapidement.
On comprend donc aisément que ces matières soient aussi utilisées dans ce domaine. Bien entendu, nous préférons les matières naturelles pour habiller nos bébés et envelopper leurs fesses...

Les matières naturelles rétrécissent toutes plus ou moins au lavage, c'est pourquoi il est recommandé de laver les tissus avant de les couper et de les coudre. Cette recommandation est essentielle pour les tissus à base de chanvre, qui peuvent perdre jusqu'à 15 % au lavage !

	Éponge	Microéponge	Molleton	Jersey velours	Jersey
Bambou	90% bambou 10% polyester	75 à 85 % bambou 15 à 25 % polyester	70 % bambou 30 % coton	53 % bambou 22 % coton 25 % polyester	100 % bambou
Chanvre	55% chanvre 45% coton	47 % chanvre 38 % coton 15 % polyester	55 % chanvre 45 % coton		53 à 55 % chanvre 42 à 45 % coton (parfois 5 % élasthanne)
Coton bio	100% coton		100 % coton	100 % coton	100 % coton

Remarques sur la couture des couches lavables

Des astuces pour éviter les erreurs...

Le PUL :

> le côté enduit (brillant) est l'envers du tissu.
> il est préférable de ne pas l'épingler, les trous occasionnés laisseraient passer l'humidité. À la place des épingles, on peut utiliser des trombones, des pinces à linge ou à cheveux.
> utiliser une aiguille fine pour le coudre.
> le coudre avec du fil polyester qui ne laisse pas passer l'humidité, contrairement au fil en coton.
> quand il faut coudre sur la face envers du tissu (côté brillant), le tissu a tendance à « accrocher » sous le pied de biche de la machine. Pour éviter ce désagrément, on peut utiliser un pied de biche en téflon, intercaler du papier de soie ou du papier toilette entre le tissu et le pied de biche (à enlever une fois la couture réalisée), ou encore talquer légèrement le tissu.

Les autres tissus :

> il est essentiel de laver au moins une fois (certains préconisent même deux à trois fois pour certains tissus comme le chanvre) tous les tissus entrant dans la composition de la couche, car tous ne rétrécissent pas de la même façon, et l'on risquerait de se retrouver avec une couche déformée après lavage...
> certains tissus s'utilisent sur l'envers dans les couches, par exemple le molleton. L'idée est de mettre toujours la face la plus douce contre les fesses du bébé.

Le biais élastique :

C'est un biais préplié en deux qui se pose à cheval sur le bord de l'épaisseur à border. Il permet de border tout le contour d'une culotte ou d'une TE1 tout en remplaçant l'élastique aux cuisses et au dos : on l'étire pendant la couture aux endroits que l'on veut élastiquer. Il ne laisse pas passer l'humidité (à condition de le coudre avec du fil polyester !). On le trouve de différentes largeurs, couleurs et qualités. Le plus facile à coudre et le plus résistant fait 2,5 cm de large. Vous le trouverez dans les boutiques spécialisées dans la fourniture pour la confection de couches (voir carnet d'adresses page 103)

Les élastiques

Ceux utilisés pour la confection ne sont pas toujours adaptés : vos couches vont tremper dans l'eau en attendant la prochaine machine, vous allez peut-être les faire tremper dans du vinaigre pour les désodoriser, elles vont être lavées très souvent et parfois à haute température, être exposées à l'urine... Nous vous recommandons l'utilisation d'élastique en 100 % caoutchouc que l'on trouve en différentes largeurs et qui est tout à fait adapté aux lavages répétés (c'est l'élastique utilisé pour les maillots de bain par exemple). Vous trouverez également chez les fournisseurs spécialisés du Lastin, un élastique transparent disponible en deux largeurs, très extensible et résistant à l'urine et aux hautes températures de lavage.

Les pressions

Les pressions que l'on trouve à la mercerie du coin ne conviennent pas aux couches lavables : l'urine et l'humidité vont les oxyder, les rouiller...
Les seules pressions utilisables pour les couches lavables sont celles en résine ou en aluminium. Les boutiques spécialisées dans la fourniture pour la confection de couches (voir carnet d'adresses page 103) les proposent avec l'outil spécifique pour les poser.

Consultez les sites spécialisés si vous n'aimez pas les Velcro sur les couches.

Côté techniques

Voici un tableau pour bien choisir les tissus que vous utiliserez pour la confection des couches, culottes et « tout-en-un » (TE1), en fonction de leurs propriétés et de leurs avantages :

	Absorbant	Effet "fesses au sec"	Imperméable	Décoratif	Autres particularités
Coton					
Molleton	***				
Éponge	***				
Jersey velours	**			**	doux
Flanelle	**			**	doux, vieillit moins bien
French terry	**				
Gaze de coton (lange)	**				
Coton léger imprimé	*			****	
Chanvre					
Molleton	****				
Jersey	**				
French terry	***				
Microéponge	***				
Bambou					
Éponge	****				
Microéponge	***				
Jersey velours	**				
French terry	***				
Polaire					
Windpro, windbloc			****		
Micropolaire		****			
Jersey micropolaire		****			
Micropolaire enduite			***		
Coton polaire	*	***			
Autres matières synth.					
Suédine		****		**	
Minkee		***		***	doux
Flurr		**		***	doux
Microfibre normale	***				
Microfibre teddy	**			***	doux
"Oh so soft"		****		***	doux
Polyuréthane laminé (pul)					
Pul uni 1 mil ou 2 mil			****		
Pul coton			***		
Pul polyester			****		
Pul sandwich			****		

La couture des tissus extensibles

Les tissus extensibles sont très appréciés mais ne sont pas toujours faciles à coudre, quelques petites astuces pour obtenir un joli rendu et éviter les mauvaises surprises...

> Coudre ces tissus avec des aiguilles « jersey » ou « stretch », destinées à coudre les tissus maille. Leur pointe est différente et évite de couper le tissu à l'endroit où elles piquent.
> Bien suivre le droit fil lors de la disposition des pièces sur le tissu, pour éviter les coutures qui tournent.
> Utiliser pour les coutures du fil polyester, plus élastique que le fil en coton.
> Faire les coutures avec un point stretch (point triple) ou un zigzag étroit, un point droit simple n'est pas assez élastique et la couture casse si l'on étire le tissu.
> Utiliser, si la machine en est pourvue, un pied de biche à double entraînement qui évite que le tissu ne fronce pendant la couture.
> Coudre les ourlets avec une aiguille double qui permet de faire en une seule fois deux coutures parallèles.

Carnet d'adresses écolo

Les Laines.com
www.LesLaines.com,
Friandises pour doigts de fées, laines et accessoires pour tricot et feutrage.
Contact : contact@leslaines.com

Espace bio = Biotissus
http://www.espace-bio.net/magasin.php?biologique=tissus-bio-naturels-sur-mesure
Tissus bio au mètre (coton principalement).

Naturellement chanvre
http://www.naturellementchanvre.com/grossiste_tissu_bio_textile_biologique.html
Tissus 100 % chanvre, tissus chanvre et coton bio.

Colibri nurserie
http://www.colibri-nurserie.com/index.php?page=41&lg=1
Tissus coton bio.

Boutiques spécialisées dans les fournitures pour la confection des couches lavables :

Arbrinic
www.arbrinic.com
Toute une gamme de tissus naturels, certifiés biologiques ou Oeko-Tex, mais aussi des tissus spéciaux pour couches lavables et portage ainsi que des patrons pour couches et vêtements d'enfants.

(**Couche Nature** = ArBrinic)
www.couche-nature.fr
Tissus et mercerie spécialisée, aides à la confection (atelier couture à la boutique et chez les mamans relais, pas à pas sur le blog, kits de confection,......), et produits de puériculture nature
Contact:
couchenature.marlene@gmail.com
Boutique :
"Mon bébé nature", 4 rue Carnot,
31290 Villefranche de Lauragais

Toile de coton
www.toile-de-coton.fr
Un large choix de tissus pour la réalisation de couches lavables et vêtements pour enfants : tissus très doux, imprimés, absorbants, velours et cotons bio.

Cosy cotton
www.cosycotton.com

Tout coudre
www.toutcoudre.com

TiPoudou
TiPoudou.fr

Chaussons

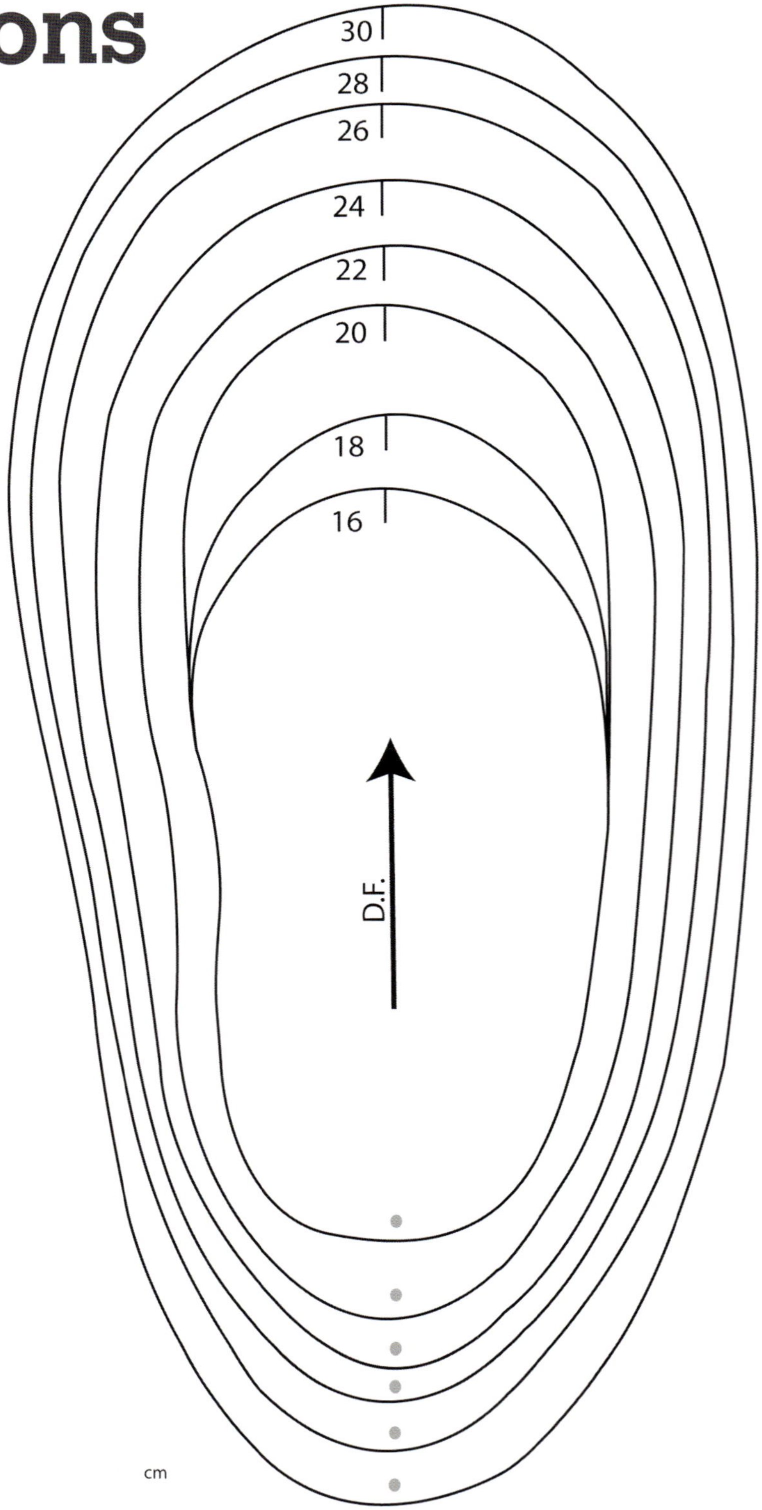

pièce A

pièce D

cm

pièce B

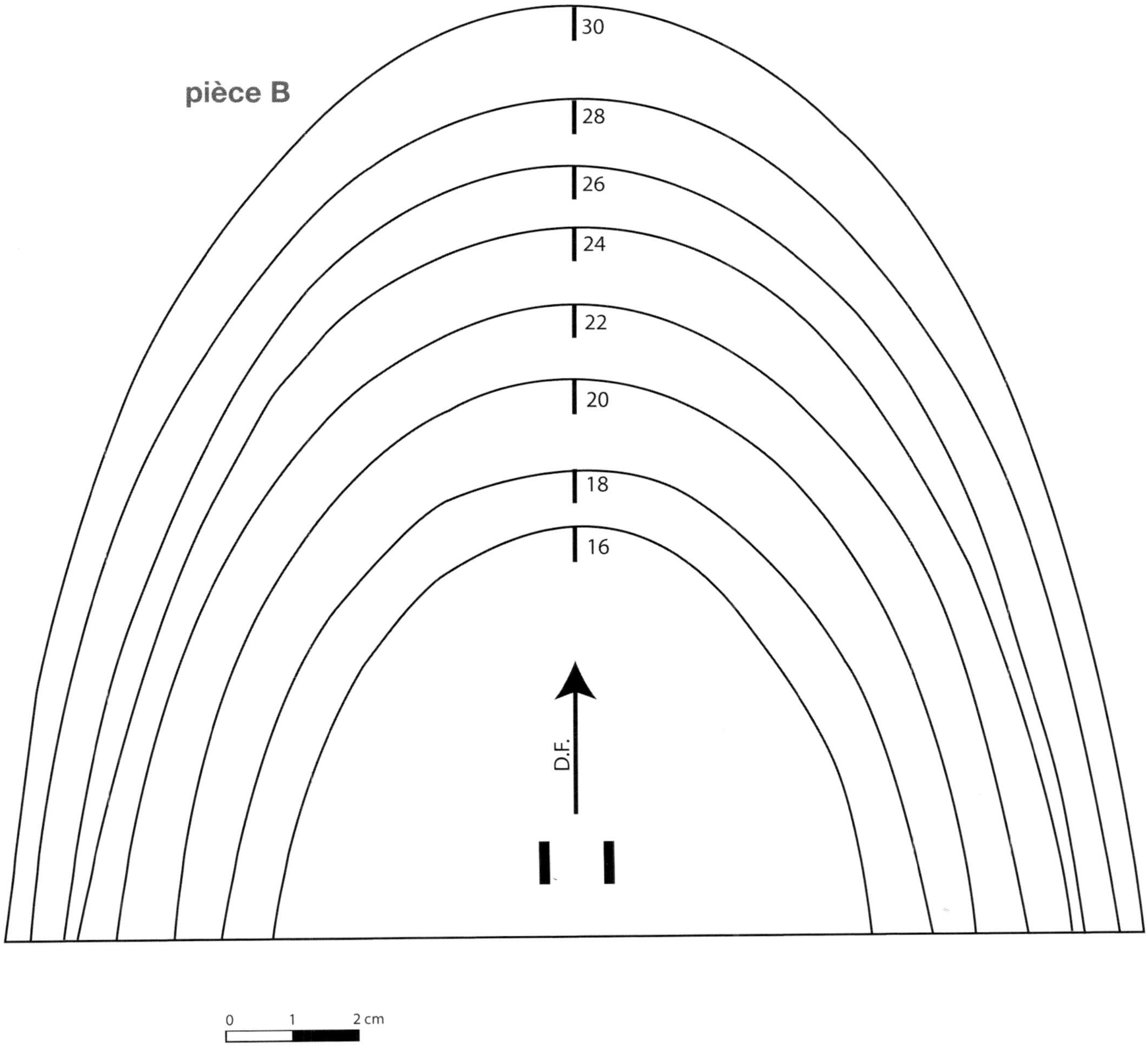

pièce C

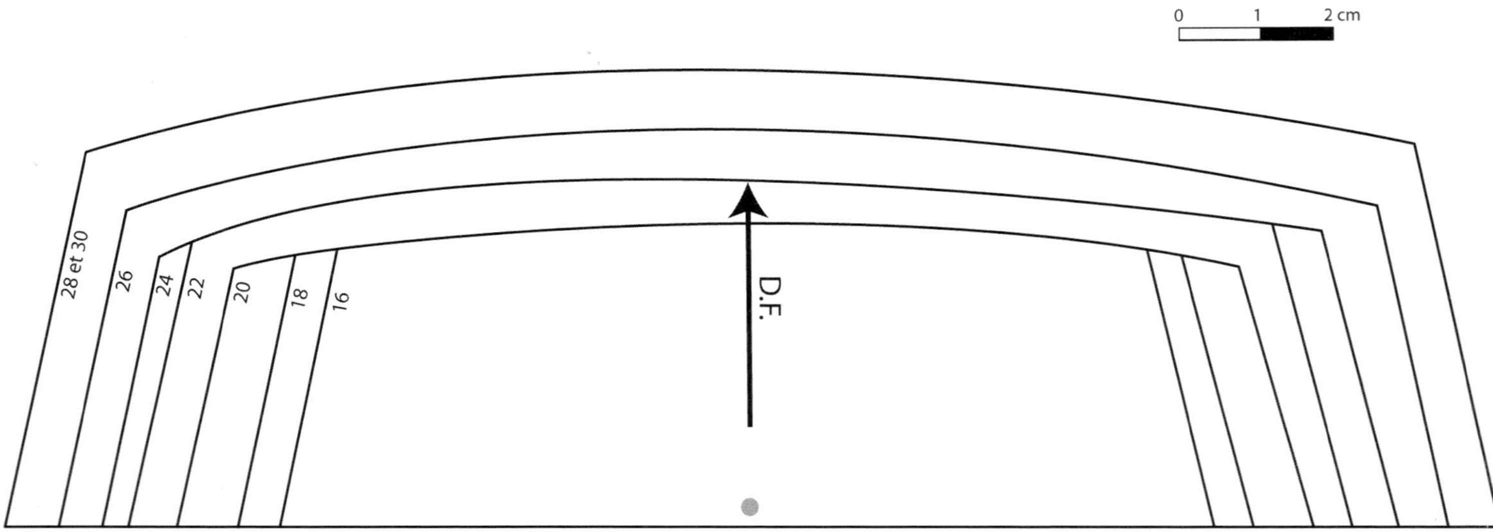

4 pièces décoratives pour chaussons